達人が教える②

認知症と介護

北海道新聞社編

はじめに

この本は、くらし報道部編集委員として2019年3月から2年間に書いた記事の中から、連載「介護のコツ」を中心に選び、再構成したものです。2021年3月に出版した「達人が教える　介護のコツ」に続く第2弾です。

認知症や介護の分野を担当するのは2度目でした。最初は2004年からの3年間。30代後半で、記者としては脂の乗りきった時期でした。「高齢者虐待」という耳慣れない言葉に興味を持ち、家庭や施設で潜在化していた虐待の背景などを掘り起こし、長期連載しました。まだ法律もできる前で、専門家と呼ばれる人もいなかったせいか、道庁がつくった高齢者虐待防止推進委員会にもかかわらせていただき、人脈も広がりました。

この分野についてはイッパシの記者だという自負が「大きな間違いだった」と、間もなく気付かされます。それは両親の介護に直面したときのことです。

最初は遠距離介護、札幌に転勤後は同居、そして施設探し、施設入居と進みました。要介護1から要介護5まで付き合い、2人とも看取りを終えました。それは、「介護の取材を担当した3年間はなんだったんだ」と思うほど、うまくいかないことだらけでした。

無理解な医師や看護師の圧力、父親は施設だけれど母親は在宅で放っておけないなど、いろいろな障害に押しつぶされそうになりました。かつて取材でお世話になった方々からのアドバイスや励ましがなければ、介護離職していたかもしれません。

たまたま、認知症の分野では名のある医師が父親の主治医でした。父親は脳梗塞を患っていたため、血液をサラサラにするワーファリンを服用していたせいか、鼻血が止まらなくて入院しました。慣れない場所に居させられて、当然ながら不穏になってしまいました。

主治医の対応は鎮静剤を投与することでした。あっという間に寝たきり老人にさせられてしまいました。そこの看護師からは「あなたの父親のせいで残業しています。すぐに来てください」「もう面倒見きれないから引き取って」と何度言われたことか。一方で、最期を看取ってくれた施設と職員の皆さまには強い感謝の思いを持っています。

ただ、両親は最期、幸せだったのかを考えると、今も胸が詰まるような苦しい気持ちになります。だから2年前、再び介護や認知症の取材を、50歳を過ぎたベテランの編集委員として担うことになったとき、「自分と同じような苦労をする介護者を減らす」という目標を立てて紙面作りに当たりました。

２００４年と２０１９年。この15年間に経験した出来事は、「より実用的で」「困っている人に役立つ」「認知症のことを読者に知ってもらえる」ような内容を書くよう、私を変えてくれました。「介護の達人」たちから得た知識を収めた本書によって、介護に直面する皆さまの負担が少しでも軽くなることを願って止みません。

２０２１年７月
北海道新聞編集局くらし報道部長
石原宏治

目次

第1部

認知症編

戦後のベビーブームに生まれた「団塊の世代」が75歳以上になる2025年、認知症の人は高齢者の5人に1人に当たる730万人に達すると推計されています。そこで「今、知っておきたい認知症の基礎知識」を社会福祉法人「幸清会」(胆振管内洞爺湖町)理事長の大久保幸積さん(67)に解説してもらいます。

また、家族が認知症になると、受け入れられない「戸惑いや否定」→腹を立てたり叱ったりする「混乱や怒り」→ほどほどの対応がうまくなる「割り切り」→受け入れるようになる「受容」の段階を、悩みながら行きつ戻りつして進むといわれます。そんなとき手軽に電話で相談できる存在が、道が開設して11年になる北海道認知症コールセンターです。業務の委託を受けている「北海道認知症の人を支える家族の会」事務局長の西村敏子さん(73)に、よくある相談事例を基に解決法や制度を聞いていきます。

第1部
…認知症編…

認知症の基礎知識

体験全体を忘れ 日常生活に支障

介護施設などで働くプロを対象にした厚生労働省の認知症介護基礎研修などで講師を務める認知症介護指導者の大久保幸積さん（67）＝胆振管内洞爺湖町＝に「いま知っておきたい認知症の基礎知識」を解説してもらいました。

認知症とは、さまざまな原因で脳の病的な変化が起こり、それによって記憶や思考、理解、学習能力、判断などの認知機能が低下、日常生活全般に支障をきたす状態のことです。

認知症と老化では「もの忘れ」の質が違います。例えば昨日の夕食に何を食べたか聞かれたとします。全部は思い出せないというような「体験の一部分のもの忘れ」は老化です。認知症だと何を食べたかだけではなく、食べたかどうかを思い出せなくなる「**体験全体のもの忘れ**」が起きます。

老化のもの忘れは頻度が増えても生活に大きな支障はありません。しかし認知症のもの忘れは頻度が増えるだけではなく、程度もだんだんひどくなり、日常生活に支障が出てきます。

認知症を引き起こす原因となる疾患によって、多いもの四つを「4大認知症」と呼びます。

認知症全体に占める割合は2013年の調査で、アルツハイマー型（68％）、血管性（20％）、レビー小体型（4％）、前頭側頭葉型（1％）でした。

認知症になる人の割合は70〜74歳で4％。75歳以上になると急激に増え、75〜79歳で14％、80〜84歳で22％、85〜89歳で41％、90〜94歳で61％、95歳以上で80％に達します。団塊の世代の高齢化によって起きる「高齢な高齢者の急増」が、認知症の人の増加に直結することがよく分かります。

一方、65歳未満で発症する若年性認知症も国内に4万人近くいると推計されています。

◆認知症介護の達人◆
大久保幸積さん

おおくぼ・ゆきつむ。和歌山大大学院博士課程修了。工学博士。1976年に社会福祉法人「幸清会」に入り、2006年から理事長。北海道認知症ケア研究会や北海道ユニットケア研究会の会長など公職多数

POINT

4大認知症の原因と主な症状

アルツハイマー型

脳細胞が死滅して脳が病的な早さで萎縮していく

- **記憶**
  昔のことは覚えていても、さっきのことがわからない
- **見当識**
  （時間）今が何時なのか、今日は何日なのか
  （場所）ここがどこなのか
  （人）家族がわからない
- **判断力**
- **実行機能**
  料理の手順や仕事の段取り

前頭側頭葉型

前頭葉と側頭葉が萎縮する

- **人格変化**
  人格が変わり、自分にも周囲にも無関心に
- **抑制の欠如**
  自分を抑制できなくなり思ったように行動
- **社会性の欠如**
  社会的規範に乏しくなり、万引きや交通ルールの無視、他の人に配慮できなくなる
- **常同行動**
  行動が固定して同じ行動をとるようになる。毎日同じものを食べたり、決まった時間に同じコースを散歩したりする

血管性

脳梗塞や脳出血などで脳細胞が死滅した結果、起こる。発作から3カ月以内に発症。障害を受けた場所と受けていない場所があるためまだら状の症状となる

- **認知機能**
  脳の障害部分によって異なるため症状には個人差
- **日常生活**
  衣服の着方、レンジの使い方が分からないなど
- **感情面**
  ささいなことで感情をあらわにする

レビー小体型

レビー小体が大脳皮質を中心に広範に出現し脳が萎縮する

- **認知機能の変動**
  1日のうちで認知機能障害がほとんどない時間帯と混乱した時間帯がある
- **幻視**
  知らない人が家の中にいるなど見えないものがはっきりと見える
- **パーキンソン症状**
  小刻み歩行、動作の鈍さ、ふるえ、転倒の危険性が高い

中核症状と対処法

不適切ケアで妄想、攻撃も視線合わせ笑顔で丁寧に

認知症には、脳の障害による「中核症状」と、体や心、環境などが影響して現れてしまう「行動・心理症状」があります。

認知症の人の半数以上を占めるアルツハイマー型の中核症状には「記憶障害」、時間や場所、人物が分からなくなる「見当識障害」、判断の頼りにする記憶に障害が出ることによる「思考力や判断力の障害」、手順が分からなくなる「実行機能の障害」があります。

そんなとき認知症の人は、場所や人が分からなくなる「不安感」、思い出せそうなのに思い出せない「不快感」、思い通りにできない「焦燥感」、介護者に責められることによる「怒りの感情」、周囲が言い分を聞いてくれない「被害感」にかられます。

そこに体の不調、ストレス、不適切な環境やケアが加わると、攻撃性や徘徊などの**行動症状**、抑うつ、無気力、妄想、情緒不安定などの**心理症状**として出現してしまいます。

こうした症状を最小限に抑えるためには、安心して生活できるような適切な環境を整備し、適切な介護をすることが大切になります。

認知症の人を上から見下ろすと、それだけで威圧的に感じてしまいます。腰を低くしたり、しゃがんだりして視線を同じ高さにし、正面から笑顔で、視線を合わせて話しかけます。

無言でケアされるのも、怖い体験になってしまいます。「まだ食べてないの?」ではなく、「ゆっくり食べてね」です。「こうしなさい」というような指示的な言葉はやめましょう。

多くの情報を処理するのが難しいので、長い情報や早口はやめます。選択肢が多い「何がいいですか?」ではなく、二つから選ぶような「どちらにしますか」だと案外できるものです。

POINT

老化と認知症の違い

	老化	認知症の症状
	一部分のもの忘れ	体験全体のもの忘れ
	自覚がある	自覚が少ない
	進行しない	進行性で悪化する
	生活に支障はない	生活に支障をきたす
例 昨日の夕食に何を食べたか？ ▶	食べたのは覚えているが全部は思い出せない	食べたかどうかすら思い出せない
電話があって伝言を頼まれた ▶	相手の名前を忘れる	電話があったこと自体を覚えていられない

中核症状への適切な対応

記憶障害

- もの忘れを責めず、根気よく。何度も同じことを聞かれても、認知症の人にとっては初めて聞くという認識なので、「さっきも聞いた」という対応は傷つけることになる

見当識障害

- 生活リズムを確立し、環境を整備する。時間の見当識障害なら時間を分かりやすくするため、会話の中に「もうすぐ3時だから、お茶にしましょう」などと時間の話題を入れる

思考力や判断力の障害

- 情報を簡素化し判断の材料を増やさない。選択肢が多すぎると選べないので、「どちらにしますか」と二つくらいにする

実行機能の障害

- 物事の手順が分からなくなるので、一つずつ伝える。「蛇口を回して」「顔を洗って」「タオルですよ」「顔を拭きましょう」というようにすればできることは多い

中核症状と行動・心理症状

中核症状

✖ **記憶障害**
同じことを何度も尋ねる、同じものを買い込む

✖ **見当識障害**
夜中に出かける、外出先で迷う、家族が分からなくなる

✖ **思考力や判断力の障害**
状況に応じた判断ができない、作業を最後までできない

✖ **実行機能の障害**
料理や仕事など計画を立てて実行する作業が困難になる

↑ **身体不調**　**ストレス**　**不安感**
不適切な環境やケア …が加わることで
↓

行動症状 徘徊、攻撃性、不穏

心理症状 抑うつ、不眠、無気力、情緒不安定、妄想

家族支援

理解されない苦労 相談相手探して

認知症の人のケアを考えるとき、家族介護者の支援は欠かせません。認知症の人を介護する家族が不安症状、うつ病などの精神症状を持つ傾向があります。介護者の半数以上に、うつ状態が認められるという報告もあるほどです。

認知症の介護には特有の問題があります。

介護者の言っていることをなかなか理解してもらえず、何度も同じことを繰り返さなければなりません。

介護に対する精神的なねぎらいが少ない上、介護の大変さを周囲に理解してもらいにくく、介護を受ける本人からも感謝の言葉が期待できません。その結果、疲れ果てて心の健康がむしばまれてしまうのです。

認知症の人には、記憶障害や実行機能の障害などの中核症状に加え、体の不調や不安、ストレスなどによって、攻撃性や徘徊、妄想、情緒不安定などの行動・心理症状が現れます。

介護者にとっては負担が大きくストレスも増すので、虐待など不適切なケアにつながることもあります。すると行動・心理症状がますます悪化し、介護負担が増えます。

こうした悪循環を断ち切るには介護する家族へのケアが必要で、家族が介護を抱え込まないためにも、介護保険制度があります。市町村の介護担当窓口や包括支援センターが入り口になるので、相談してみてください。

家族介護者が病気などで療養が必要になってしまうと共倒れになりかねません。介護者は健康でいるよう心がけましょう。

身近な人だけではなく、**介護保険サービスも含め、手伝ってくれる人を探すことも大切**です。サービスを効果的に利用しつつ、家族の会のような相談や愚痴を聞いてくれるところを見つけておくことをお勧めします。

POINT

認知症の人と介護者間に起きる悪循環

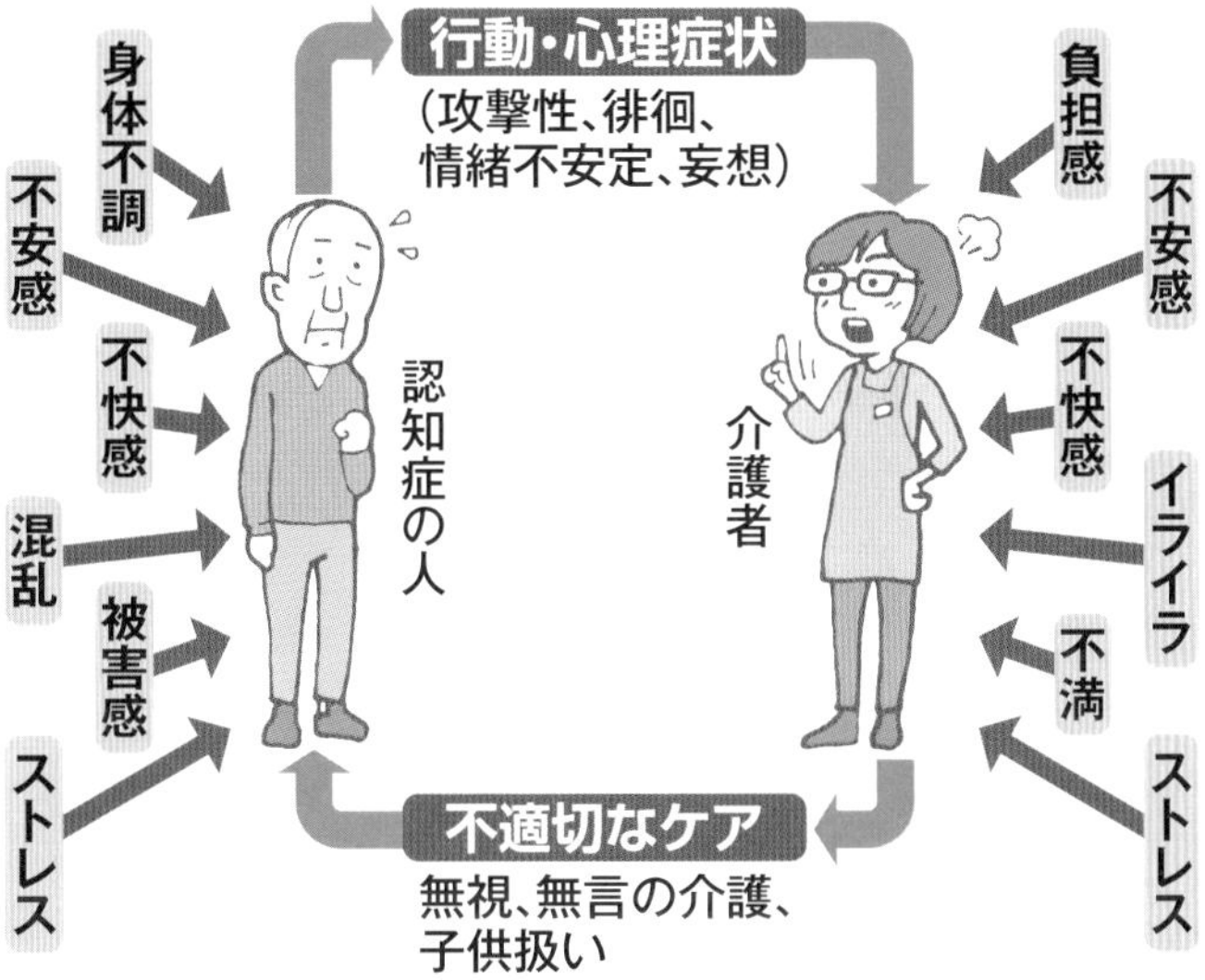

家族介護者の抱える問題

認知症の人にやってはいけない対応

- 上から見下ろす
- 後ろから話しかける

- 無視
- 無言で介護
- 子供扱い
- 長い情報を一度に伝える

- 早口で話しかける
- 「何度も言ってるけど」「早くして」「まだ食べてないの」などの介護者本位で指示的な言葉
- 入浴を嫌がっているのに無理に脱がせる
- 食事を口に運ばない人に無理やり食べさせる

聞く 語る

北海道認知症の人を支える家族の会事務局長・西村敏子さん

家族をあてにしない サービス体制必要

介護に関する電話相談を30年近く受け続け、介護保険制度の導入など、取り巻く状況の変化も目の当たりにしてきた北海道認知症の人を支える家族の会（札幌）事務局長の西村敏子さんに、認知症や家族介護にまつわる思いを聞きました。

――電話相談の内容に時代の変化を感じますか。

少子高齢化の進行がしっかりと表れています。以前は義母を介護中の女性からの電話が多かったのですが、今は配偶者や実子からが大半です。しかも、「介護うつになっているのでは」と思わせられるケースが珍しくありません。子も少なくて介護を分担する人がいないので、一人で抱え込んでしまうのです。そんなときは、家族会で開いている介護者のつどいに誘ってみます。同じように介護している人たちの話を聞き、悩みを分かち合ったり、制度の利用法を聞いたりできるので、3回くらい来ると落ち着いた様子になってきます。

――西村さんが実際に家族を介護したころはどうでしたか。

義母に先立たれた義父を引き取って同居を始めてみると、認知症が進んでしまいました。介護保険制度もない四半世紀も前のことですから、どうしたらいいのか全然わかりませんでした。慣れない環境が混乱を招いたのだとか、今なら分かりますが、当時は知識ゼロ。とりあえず保健所に相談して家族会の存在を知り、つどいに行ってみました。介護の先輩たちはみんな優しかった。だから介護を終えた私も今、苦しんでいる人たちの力になってあげたいんです。

――介護保険制度の導入を境にずいぶん変わったのでは。

施設に入れると「親を捨てた」

（写真左）にしむら・としこ。北見市出身。1988年から8年間、函館と札幌の自宅で夫の父親を介護。その間、両地区の家族の会に加わり、96年から事務局長。北海道認知症コールセンターの電話相談員、若年性認知症支援コーディネーターなども務めている

と周囲から言われたような雰囲気はずいぶん薄まりました。「自分の家に他人を入れたくない」と言っていた人も、ヘルパーを受け入れるようになりました。介護サービスの種類も増えました。しかし在宅介護で、介護する側の体調が急に悪くなったときなど、緊急時の対応は相変わらず課題です。医療の体制も追いついていません。

―医療の問題点とは。

認知症は医師の理解が不可欠です。本人や家族はどうやって生活していけばいいのか不安で教えてほしいのに、診断して薬を出して終わり、という医師が珍しくないんです。認知症の周辺症状で暴力があるようなときには、診察すら断るところもあるようです。病院に行って逆に傷ついて帰宅するなんて、おかしいじゃないですか。医師が本気で向き合うには、診察に時間がかかる割に報酬につながらないとも言われますが、もし本当にそうなら、国が乗り出して良い方向に変えてくれないと。

―介護疲れによる虐待など、深刻な事件もなくなりません。

周囲の理解が大切です。しかし、周囲が手を差し伸べても、家族が「迷惑をかけたくない」と断ってしまうこともあります。認知症だということを言える環境になってきてはいますが、まだまだです。それに、男性介護者に特有の問題もあります。一生懸命、マニュアル通りにやろうとしますが、認知症の人はなかなか想定通りには動いてくれません。仕事のように根をつめて介護に取り組んだ果てに爆発してしまうんです。国の調査でも、在宅介護の高齢者虐待は息子と夫で6割を占めます。

―認知症の人はこれからもどんどん増えます。

少子高齢化で家族の介護力が低下しているだけに、家族の介護をあてにしなくてもいい介護サービスの体制が必要です。自分の家で死ぬことができればそれはいいことだけれど、家族の介護があることが前提になっている在宅介護は、高齢者同士の老老介護、認知症同士の認認介

護が増えていくことを考えると現実的ではありません。家族がいなくても自宅で暮らせるくらい充実した介護サービス、そして施設の定員を増やしていく、これがないとね。

——実際に看取りの当事者になると、適切な判断がなかなかできません。

　最期をどうするかは家族にとっては大きな決心がいることです。医師も単に延命治療をするかどうかの決断を迫るのではなく、①延命治療②薬③胃に穴を開けて直接、栄養をとる胃ろう——それぞれがどのような経過になるものなのか、丁寧な説明が必要です。

　家族の間で判断が分かれることもありますが、本人ならどう考えるかを大事にしてあげてほしい。長生きさせたい思いが、本人にとっては苦しみの期間を長くしてしまうことになるかもしれませんから。

　人は必ず死ぬので、自分がどうしたいのか、あらかじめ家族に伝えておくのが本当はいいんですけどね。本人は家族に言わないまま、家族は本人に聞けないまま、最後は家族が決断せざるを得ないのが普通という状況は、家族の心の負担が大きすぎます。

——ご自身は認知症になったらどうしようと考えていますか。

　ものを忘れていくんだから、それを補ってもらえるよう、自分のことを知ってくれている家族や仲間を増やしています。自分も介護した経験からすると、家族に迷惑をかけたくないから、居場所はやはり施設を選ぶと思います。

　国は在宅重視ですが、根っこのところでは、お金をかけないということばっかり考えているからじゃないかな。在宅にしても、介護サービスを充実させようとすると、お金がかかります。よく言われる介護職員の給料の安さも、解消というより、むしろ他の職業より高くする方向で人材を確保しなくては、団塊の世代が高齢期を迎えている時代に対応していけませんよ。

（2015年5月29日掲載）

●北海道認知症の人を支える家族の会

「北海道ぼけ老人を支える家族の会」として1987年に設立。取り組みの3本柱は会報、相談、つどいで、道内48支部に約2400人の会員がいる。

　全国組織は「呆《ぼ》け老人をかかえる家族の会」として80年1月、京都で結成され、今では全国47都道府県に支部がある。2006年から現在の名称「認知症の人と家族の会」となり、認知症でも安心して暮らせる社会の実現を目指して活動している。

始まりのサイン

早期受診にメリット よく話聞く医師探して

◆認知症介護の達人◆
西村敏子さん

介護に直面するのは一生のうちでそう何度もあるわけではありません。いま悩んでいる人も、数年前には関心を持っていなかったというケースが普通です。

一番多い問いかけは、**「自分は認知症なんだろうか？」「（身内が）認知症かもしれない」**という不安の声です。特に最近は、不安な思いを抱えた本人が、家族に隠れてこっそり電話してくるケースが増えています。

現在の医学で認知症を治すことはできませんが、「認知症？」と思っても、実は外傷や病気が原因の紛らわしい病態で、手術や投薬によって症状がなくなる「治る認知症」のようなケースもあります。

そんなこともあって、一般には「早期受診が必要」とされています。早期の診断によって、認知症が進行する前に、自分の将来のことを考えたり家族に伝えたりすることもできます。また、家族の側も今後、どのように協力して介護をしていくか、話し合うきっかけにもなります。

だからこそ、家族など周囲の人が日ごろからさりげなく観察し、認知症の始まりのサインを見逃さないことが大切です。

「だまし討ち」は信頼損ねる

しかし、アドバイスする際、「無理やりはやめましょう」とも言います。よくあるのが「健康診断受けよう」とか「私の診察についてきて」などとだまし討ちして病院に連れて行き、本人が検査されるに至って、「こんなこと聞いてない」と怒り出してしまうケースです。

「家族が私をキチガイ扱いして病院に連れて行こうとするんです」というような相談電話がかかってくることもあります。家族間の信頼を損ねてまでも、早急に受診させる必要はないと

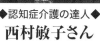

思ってください。

夫婦なら「互いにいい年だから、一度、脳のＭＲＩ（磁気共鳴画像装置）とかも含めて検査しよう」「一緒に生活していて、あなたが心配だから、病院で診てもらわない？」もいいでしょう。かかりつけの医師から勧めてもらうのも手です。いつもお世話になっている先生の言うことなら聞くというケースもよくあります。

かかりつけ医見つけておく

認知症というのは診断で終わるものではありません。現在の医学では進行を一時的に遅らせる薬はあるものの、治すことはできないので、だんだんと悪化していくことに付き合ってくれる医師が求められます。だから、「よく話を聞いてくれる先生がいいですよ」ということになりますが、そういう医師を探すのはなかなか難しいのも現実です。

よく話も聞かず、薬ばかりたくさん処方する医師はもってのほかです。認知症は投薬より、生活支援の比重が大きいのです。

だから、かかりつけ医がいるのなら、その医師に相談してみるのもいいでしょう。医師としてご本人と接しているので、合う合わないも含め、いい専門医を紹介してくれる確率が高いと思います。

かかりつけ医に期待できなければ、地元の地域包括支援センターに相談してみるのも手です。「もの忘れ外来」のある病院に電話するのも、試す価値があります。対応の善しあしなど、電話してみたときの直感は案外、当たるものです。

受診することになったら、心がけてほしいことがあります。病院に行くと、つい本人をそっちのけにして困っていることを話したくなってしまうものですが、本人が聞いていますし、医師も家族の長話に付き合うほど暇ではありません。

どんな状況で、どんなことに困っているのかを要領よく知ってもらうことが大切です。そうした事情やこれまでの経緯などを、あらかじめ紙に書いておいて医師に渡すとスムーズに話が進むはずです。

そうはいっても、困ってから始めるというのは大変です。自分が将来、認知症になったときに備えるなら、まず今のうちから信頼できるかかりつけ医を見つけておくことです。持病で通っているときからよく話を聞いてくれる医師なら、認知症を疑ったときも適切に診察し、専門医にもつないでくれるはずです。

POINT

早期受診のメリット・デメリット

メリット

- 認知症に似た症状だが外傷や病気が原因で治る場合もある
- 早いうちに将来のことを考えられる
- 家族にとっても余裕があるうちに介護のことを話し合える

デメリット

- 納得しないうちに無理やりだまし討ちのように病院へ連れて行くと家族間で信頼が失われ、尾を引くことになる

「認知症」早期発見の目安

※「認知症？ 正しい理解と早めの対応」（家族の会発行の小冊子）から

もの忘れがひどい

- 切ったばかりの電話の相手を忘れる
- 同じことを何度も言う、問う、する
- しまい忘れ、置き忘れが増え、いつも探し物をしている
- 財布、通帳、衣類などを盗まれたと人を疑う

判断、理解力が衰える

- 料理、片付け、計算、運転などのミスが多くなった
- 新しいことが覚えられない
- 話のつじつまが合わない

塩

時間、場所がわからない

- 約束の日時や場所を間違えるようになった
- 慣れた道でも迷うことがある

人柄が変わる

- ささいなことで怒りっぽくなった
- 周りへの気遣いがなくなり頑固になった
- 自分の失敗を他人のせいにする

不安感が強い

- 1人になると怖がったり寂しがったりする
- 外出時、持ち物を何度も確認する
- 「頭が変になった」と本人が訴える

意欲がなくなる

- 下着を替えず、身だしなみに構わなくなった
- 趣味や好きなテレビ番組に興味を示さなくなった
- ふさぎ込んで何をするのもおっくうがる

医師と家族の対応

良い例

事前に把握してくれていて安心…

医師 本人の話をよく聞く

家族 あらかじめ困っていることや経緯を紙にまとめ、医師に渡るよう受付や看護師に託す

悪い例

あ〜 進行を抑える薬を出しておきますから
ホントもうなんにもできなくなって大変なんです

医師 よく話も聞かず安易に薬を処方

家族 本人を差し置いて自分ばかり話す

告知

治療や支援方針 自身で良好な家族関係大切に

「うそをついて施設に入れたのですが、『帰りたい、帰りたい』と言われてしまって。どうやったら納得させられるでしょうか？」――。母親がグループホームに入居している女性から、こんな相談電話が来ました。

聞けば母親はアルツハイマー型認知症だと診断され、しばらく実家で1人暮らしをしていたものの、家事もできなくなって食事も作らなくなったせいか、痩せて体力も衰えてきました。火の始末も心配だから、「体力が回復するまで入院するつもりで」とグループホームのお世話になったところ、食欲が回復した一方で、帰宅願望が強くなったそうです。

どこに問題があるでしょう？ やはり**認知症が軽いうちに医師か家族から告知の上、その後の生活をどうしたいか、話し合っておかなかったことが響いているのだと思います。**

「病院で認知症だと診断されたし、1人で家のことができなくなっているから、心配で帰れないんだよ」と、分かってもらえるよう説明してみましょうと促しました。

「夫が認知症だと診断されたのですが、周りの人には知られたくなくて。本人にもまだ言ってません。どうしたらいいでしょう？」

こういう相談もかなり来ます。しかも地元で知られたくないからと、九州など遠くからわざわざかけてくるケースもあります。

精神的なショックを受けるような重い話でもありますが、**進行する前に本人がしたいこと、治療や支援の方針などを自己決定するという意味でも、告知は大切**なことだと考えます。

また、認知症でも安心して暮らせる社会の実現のためにも、オープンにして周囲も見守るようになるのが一番です。そうした理想的な方向になかなか進まないのが悩ましいところです。

気持ちしっかり伝えて

「私の母親が認知症になったので引き取ったのですが、夫は『あなたの親なんだから、あなたがみてあげればいい』と言って、かかわろうとしてくれないんです。長年暮らしてきた夫がそんな人だったのかとショックで……」――。

50代の女性から、こんな相談電話が来たことがあります。介護の問題は家族それぞれの考え、価値観の違いがあらわになって、**一見平穏でうまくいっていたように思ってきた家族関係に亀裂が入ることも**あります。

この相談の際は、ショックを受けてすぐ諦めるのではなく、自分の気持ちを伝えるチャレンジをしてみてはどうかと勧めました。例えば、「あなたのことも大切に思っているけれど、母のことも大事なので、後悔なく介護して看取ってあげたいから、協力してもらえたらうれしい」と。

ただし夫婦関係を考えると、しつこくするのは禁物だし、在宅介護のことで亀裂が入るくらいなら、施設を考えるという選択も悪いことではないのですよ、と伝えました。

認知症の介護は、重いから大変だとか、軽いから楽だとかいうものではありません。それまでの家族関係、身内との人間関係が大きく影響します。

長年、電話相談を受けていると傾向が見えてくることがあります。

かつては嫁が義父母の介護をするというケースが大半でした。今は少なくなりましたが、嫁としゅうとめの関係は、嫁がどんなに頑張っても息子にはかないません。

ただし、息子が介護すると、往々にして元気だったときの親のイメージが大きくて受け入れられないということになりがちです。親子の間なので、言葉もとことんまで言ってしまいがちで、実際、家庭での高齢者虐待は息子がするケースが多くなっています。

子供たちの間でも、誰が介護をするか、協力的だったり非協力的だったりで、それまで良好だった関係にほころびが出ることも珍しくありません。

配偶者を老老介護する家庭が増えています。それこそ今までの夫婦関係がモロに出ます。不思議なことに、夫が妻を介護するときは、献身的に頑張る人が多いという実態もあります。

POINT

早期アルツハイマー病の告知

※家族の会滋賀県支部便り（2004年）から

家族が早期アルツハイマー病と診断された時、本人に病名を知らせたいと思うか

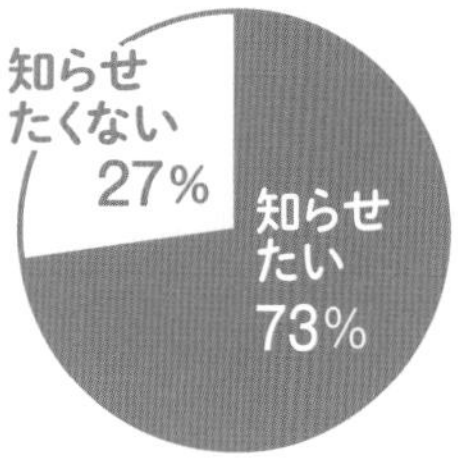

知らせたい理由

- 認知症が進行するまで本人がしたいことや家族に伝えておきたいことがあると思う
- 本人が病名を知って治療やリハビリを積極的に受けてほしい
- 本人に病名を知ってもらった方がケアしやすい

知らせたくない理由

- 本人が病名を知ることで気持ちが落ち込むのが心配
- 本人が精神的ショックを受けた後の対応が大変

自分が早期アルツハイマー病と診断された時に知らせてほしいか

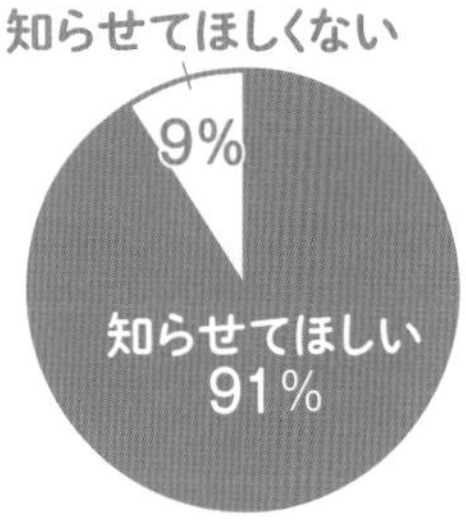

知らせてほしい理由

- 悪化するまでに家族や友人に伝えておきたいことがある
- 病名を知った上で治療やケアの方法を選択したい

知らせてほしくない理由

- 病名を知ることで精神的なショックが大きい

夫の無関心への対応法

※夫の理解が得られなければ施設も選択肢

親対子

「子供に迷惑」と考えず親の生活 子供が把握を

「夫が認知症になってから、性格も変わって怒りっぽくなるし、どうしていいのか分からない」――。

聞けば、夫婦ともに85歳の老老介護ということで、要介護認定もまだということでした。地元の包括支援センターに相談してみることを勧めましたが、話が堂々巡りになったり飛んでしまったりで、相談者の方も認知症かもしれないと思いました。

そうなれば夫婦とも認知症の認認介護です。夫婦だけでいろいろな手続きを進めるのは難しいだろうと考え、「お子さんは近くにいませんか？」と聞いてみました。答えは「娘も息子も仕事をしていますから」でした。

もちろんコールセンターから包括支援センターに連絡して、介護保険サービスにつなげるための訪問をお願いすることはできます。ただ、終わりの見えない介護のことを考えると、それだけで済むとは思えません。

よくあるパターンなのですが、「子供には迷惑をかけたくない」「子供に親の認知症のことを知らせたくない」という高齢の親世代は、けっこういます。

そんなときは、「気持ちはわからないでもないですが、誰だって仕事はしていますよ」「親のために休みを取れないなんてことはないと思いますよ。介護休暇という制度もあります」と、お子さんも親の介護に参加させるよう促します。

「**親の生きざまをしっかり見ないで、自分たちはどうやって生きていくの？**自分の親のことなのに、『行けません』『時間ありません』などと人ごとのように言うな」と強調する専門家の意見を聞いて、うなずけました。

親の側も、子供の気持ちを断る必要はありません。一方で子供の側にも「介護保険というのは家族を全て代替するものではないですよ」と言いたい。「**介**

護って得るものもいっぱいあります」ということも伝えてあげたいのです。

一人暮らし かかわりが大事

「一人暮らしの父親が隣人にお金を盗まれたと言っているのですが、やはり認知症でしょうか？　どこに相談すればいいのかわからなくて」――。

こんな相談が来ることも珍しくはありません。認知症になると、「もの盗られ妄想」の症状が出ることもある、ということが知られるようになったからでしょうか。

ただし、認知症の症状とも決めつけられません。実際、一人暮らしの高齢者の心細さにつけ込んで、いつの間にか資産がすっからかんにされていたというようなケースもあります。

認知症なのかどうか、本人も同意の上で病院を受診することも、早期発見という意味では大切です。一方で、普段の暮らしに支援が必要な状況なら、地元の包括支援センターに相談したり、隣人や民生委員とのかかわりを構築したりということも、身内として進めるようアドバイスします。

「施設に入れることになったけれど、車庫を誰に借りているのか分からない」「レンタルの掃除用具を借りていたみたいだけれど、どこからなのか連絡先がわからない」

そんなこともよくあります。親の生活を子供が知らないままでいる結果起こる困ったことです。本当は**元気なうちに、親自身も子供も互いに伝え合っておくこと、いざ認知症になったらどうしてほしいかなどを話し合っておくことが大切**です。

「自分は認知症なんだろうか」と心配になって、相談電話をかけてくる一人暮らしの高齢者もいます。心配で電話してくることができるような方は、まだ認知症とまでは言えない人が多いです。生活に支障があるようなら、受診したり、包括支援センターに相談したりということを勧めますが、一人暮らしの高齢者にとって、まず考えなければならないのは誰かとかかわることです。

きょうだいや友達など、個人同士で「3日以上空かないよう電話をし合う」、近所の人と訪ね合うなどの決まりごとを作って実行している人もいます。だから私は「年をとったら、元気なうちから友達をいっぱいいつくってタネをまいておくといい」「遠くの親戚より近くの友達だよ」などと勧めています。

POINT

老老介護や認認介護の支援

子供には迷惑をかけたくないのですが…

手続きなどもあるので、お子さんにもかかわってもらいましょう!
※身内のかかわりも重要なことを説く

コールセンター

老老介護?
▶地元の包括支援センターに相談を

認認介護?
▶地元の包括支援センターに訪問を手配

一人暮らしの認知症 注意ポイント

認知症が進行してしまうと…

把握できなくなること

- 銀行口座
- 保険
- レンタル品の連絡先など

対策
▶子供が確認する
▶自分でまとめて書いておく

大切にすること
隣人、民生委員、包括支援センターとのかかわり

元気なうちから準備
きょうだいや友達と安否確認し合う

支え手

冷蔵庫内の混乱はサイン 支えるキーパーソン決めて

「離れて暮らす両親の家に行ったら、冷蔵庫がパンパンで腐っているものも多く、大変なことになっていました。認知症かもしれないと思った方がいいのでしょうか」

50代の女性から、こんな相談電話が来ました。

実は冷蔵庫の異常さで親の認知症に気付くというのはよくあるパターンなので、この女性の例を少し詳しくお伝えします。

70代後半の夫婦2人暮らしで、400リットルの冷蔵庫が二つとも食料品でびっしり。一緒に行ったお孫さんはあきれて、「おじいちゃんとおばあちゃんは、あの食料を全部食べて食べ過ぎで死ぬか、死ぬまでに食べきれなくて寿命で死ぬかだね」と言ったほどでした。

気付いたのは、ペットの犬用の肉がほしいと言うので、豚肉の細切れを1キロ買って冷凍室に入れようとしたら、もう1袋手つかずのもの、半分使った半年前のものも入っていたのを見つけたからだそうです。

あらためて冷蔵庫の中を点検すると、冷凍室は肉、肉、肉……。冷蔵室には3週間くらい前に買った鶏肉や豚肉が腐って異臭を放ち、納豆は3個1パックが四つ、定期購入して飲みきれないままの大量の青汁、漬物用のつもりなのかこうじが8袋、みそも1キロ入りが四つ、大量の古い内服薬や湿布薬なども見つかりました。しかも、ラップやホイル、老眼鏡まで入っていたといいます。

これは確実に認知症のサインです。買い物に行っては習慣的に同じものを買い続けるため、消費できないままため込んでいます。そして服薬管理もできなくなっていることが伝わってきます。さらに本来の置き場所ではないラップやホイル、眼鏡も冷蔵庫に入れたまま、存在を忘れてしまっているのでしょう。

親の家の冷蔵庫に関しては、買い物した食品がいっぱいレジ袋のまま入っている、腐って原形をとどめていない野菜だらけ、豆腐ばかり何丁も、なぜかパンストが入っていたなどという話も聞いたことがあります。ごみ出しの分別ができなくなっていたり、家の中が掃除できず汚くなっていたりというのも、認知症のサインと考えてください。

そうなると、**恐らくご両親とも、「できなくなっていく自分」「分からなくなっていく自分」に気付いていて、不安やイライラした気持ちが続いているはず**です。プライドを傷つけないよう、早期の病院受診を目指すとともに、包括支援センターに連絡して介護サービスにつなげるようアドバイスしました。

資金援助、手伝い 役割分担を

「実家で独り暮らしをしている母親の介護で困っています。兄は全くかかわろうとしないし、母は暮らしに不安はないからサービスは不要と言い張るし、実家は遠くてなかなか行けないし……」

困り果てた50代の女性からの相談でした。80代の母親は認知症の症状も見られ、要介護１の介護認定を受けていますが、「なんでも自分でできるから」と言って、介護保険のサービスは受けていないそうです。

ところが時間をつくって帰省したところ、食事をつくる気力がないのか、あまり食べていないようで痩せていたし、公共料金などの通知書類も封を切らずにたまっていたといいます。

「やはり介護保険を使わなければ生活できないと思うのですが、どうすればいいのでしょう？」とのことでした。

こうした場合、**家族の誰が中心（キーパーソン）となって、生活を支えていくかの意思統一が必要**です。介護サービス内容の相談を受けるケアマネジャーにしても、対応に困ります。

話を聞く限り、この女性がキーパーソンになるしかないのだと思います。しかし、介護にはお金も必要です。場合によっては子が親に金銭的な援助をしなければ成り立たないこともあります。遠距離介護になって実家との行き来をする費用も必要です。

　また、「かかわろうとしない兄」が、妹に任せっぱなしにして、介護の協力も費用面の負担もしないのに、口だけ出す懸念もあります。そうなると妹側は介護を引き受けたことを後悔し、傷つくとともに、不公平感を抱くようになってしまいます。

　介護は突然始まることが多いので、準備ができていないこともトラブルの要因です。しかし介護は重大事ですから、身内で役割分担を話し合いましょう。曖昧にしたまま、とりあえず出来る人が担うというのでは、負担が集中してしまうことになります。

　キーパーソンの役割が大きいだけに、負担感を減らすためにも**他の身内が資金援助や手伝い、声かけなど、少しでもできることを担うことが大切**です。

　親の思いは大切にしながら、どのように介護の道筋を作っていくか。「自分でできる」と言うから放っておくだけでは、せっかくの介護保険が活用できません。一方で子の思いだけを押しつけるのも良くないことです。

親の介護へのかかわり方

良い例
私が中心になるから、みんな協力してね
週末は僕が担うよ
俺は遠くに住んでいるけど、お金は任せて
悪い例
私1人が責任を持つのは嫌
俺は関係ない
息子が大学に入って仕送りも大変。お金なんて出せない

認知症に関する相談は

北海道認知症コールセンター

011-204-6006

(平日午前10時~午後3時)

聞く語る

支え合い、経験伝える

北海道認知症の人を支える家族の会会長・中田妙子さん

「介護でつらい思いをしているのは自分だけではない」との思いを力に、仲間や支援者とつながる——。認知症の家族会が京都で産声を上げ、40周年を迎えた。20年前に介護保険制度が始まり、認知症や介護に対する社会の理解も進んできた。北海道認知症の人を支える家族の会会長の中田妙子さん（78）＝釧路管内釧路町＝に、この間で変わったこと、変わらぬ家族の苦悩を聞いた。

——家族会も介護保険もない時代に両親を介護したそうですね。

30代でした。室蘭の実家にいた両親に介護が必要になり、釧路から通う遠距離介護を5年間、最後の1年間は引き取りました。夫の理解と手助けがあってこそできたことです。しかし、母には室蘭に帰りたい思いがあったようなので、住み慣れた土地を離れさせたことに後悔があります。

——今なら違うやり方ができましたか。

制度も介護用品もない時代。全介助だった父の入浴用に椅子の脚を切って浴槽に入れるなど、工夫するしかありませんでした。入院ともなれば付き添いが必要で、身内の負担は大変なものでした。何度、布団をかぶって泣いたことか。今なら介護保険制度を使いながら、実家で穏やかに長生きできたのではないかと思うのです。父は74歳、母は68歳。早い死でした。

——家族を取り巻く環境は相当、良くなってきたということですね。

それでも、今も変わらず介護は大変です。家族に介護が必要になったとき、人生で初めて介護に直面します。知識として介護保険の存在を知っていても、いざ身内のこととなると、どうしたらいいか分からないのが現実です。そもそも認知症を疑ったとき、どう対応したらいいか、診断を受けに病院に行くか、他人に知られたくないなど、いろいろな思いが交錯します。

私の頃は家族会もなく、わらにもすがる思いで病院の介護教室に通いました。何かで外とつながりたかったのです。その経験が家族会とのかかわりや、地元支部をつくる気持ちにさせてくれました。1人で抱え込んでしまっている方は、家族会のつどいや相談電話で話しているうち、気持ちも収まってくるものです。

――地元では高齢者を送迎し、食事を交えて談笑する在宅介護支援事業を主宰しているそうですね。

年会費2千円、1回400円。風呂のないデイサービスのようなものです。認知症の当事者の居場所づくりにしようと、介護保険が始まる前から続けています。認知症だと自覚して来ている方は、「間違えるから教えてね」と言い、食事の準備を手伝ってくれます。亡くなった方の家族が来て「毎回、楽しみにしていたんですよ」と言ってくれることもあります。一緒に支えてきた仲間のおかげで、少しは介護者の負担を補ってこられたと感じています。

――後に続く介護者の苦労を少しでも軽く、との思いで取り組む中田さんのようなボランティアの存在で家族会が運営されています。課題は？

会の支え手が高齢化しているため、次代を育てる必要があります。介護する家族として会にかかわった後、看取りや施設入所を機に、それっきりになってしまいがちなんです。介護の担い手はどんどん入れ替わっていきます。先に経験した人は、共感を持って伝えることができます。

介護の悩みで人と人がつながっていきます。そして介護をした自分が、いつかはされる立場になるのです。

（2020年2月11日掲載）

なかた・たえこ　室蘭市出身。2014年から同家族の会会長。両親の介護を経験後、釧路市の家族の会にかかわり、住まいのある隣町で1998年、釧路町在宅介護支援ふきのとうの会を設立。自宅の電話番号を公表して介護の悩み相談を受けてきた

若年性認知症

認知症だと語った世界が変わった

もの忘れが増える不安や認知症と診断されたときの絶望、家族の会との出会い、周囲にオープンにして開けた新たな世界――。仙台市在住の丹野智文さん（47）は若年性アルツハイマー型認知症と診断されて8年。全都道府県を回って自身を語り、認知症になったことを悔やまず受け入れて生きる姿に感動の輪が広がっている。

旭川市内で2019年6月に開かれた講演会を詳報するとともに、仙台から旭川まで交通機関を乗り継いで1人旅で来た丹野さんが、日々の生活でどのような工夫をしているのかも取材しました。

◆若年性認知症を伝える達人◆
丹野智文さん

「おかしいな、なぜ覚えていられないのだろう」

私は39歳で認知症と診断されました。現在、妻と娘2人の4人で暮らしています。診断後半年ほどで子供たちに話しました。入院したので、病気なのは子供たちも知っていましたが、どういう病気なのかは知りませんでした。

一緒に暮らしているので、記憶が悪くなっていくのは感じていたかと思います。不安だったのか、ある日、妻に「パパ死ぬの？」と聞いていました。心配をかけて悪かったなと思い、話しました。

診断の後、妻と2人で会社に伝えました。社長から「長く働ける環境をつくってあげる」と言っていただき、会社の理解のもと仕事を続けられ、今は事務をしています。

もともとは営業でしたが、診断の5年ほど前から物覚えが悪くなったと感じ、仕事をしっかりやりたいとの思いから、予定を記入する手帳をノートに変え、細かな内容など書く量が増えました。

それでも、どの人が顧客か分からず、上司から怒られることが増えました。その度、言い訳しかできず、時にはうそもつきました。おかしいな、どうして覚えていられないのだろうと思いましたが、誰にも相談できませんでした。

「妻が帰り病室で一人。涙がこぼれてきました」

毎日、顔を合わせているスタッフの名前も出てこなくなり、声をかけたくてもかけられなくなりました。以前とは違う何かを感じ、病院へ行ってみることにしました。

「ストレスですね」と言われれば自分でも納得し、気持ちが楽になると考えていました。しかし、紹介状を書くから大きな病院へ行くよう言われました。大きな病院では、アルツハイマーの疑いがあるが、この若さの診断をしたことがないと言われ、大学病院に入院することになりました。

入院までに数日間あったので職場で話すと、上司からは「アルツハイマーだったら大変なことだぞ」と言われ、私の中で「アルツハイマー＝終わり」だと感じました。

大学病院での検査結果は妻と2人で聞きました。アルツハイマーで間違いないと言われました。妻に心配をかけたくないから平然とした顔をしましたが、ふと隣を見ると妻が泣いています。その姿を見て「アルツハイマー＝終わり」を思い出しました。妻が帰り病室で1人になると、目から涙がこぼれてきました。

日中は病院の人と話をするので病気のことはあまり気にならなかったのですが、夜になり寝ようとすると、不安で眠れませんでした。どんな病気なのかもっと知りたいと思い、携帯電話を使いインターネットで調べました。

「30代　アルツハイマー」と検索すると、若年性認知症は進行が早く、何も分からなくなり、寝たきりになるといった情報しかありません。悪い情報ばかりが目につきました。**調べれば調べるほど「早期絶望」だと感じ**

丹野さんのプロフィル

1974年	宮城県生まれ
96年	地元の自動車販売会社に入社。同期だった女性と翌年、結婚。トップセールスマンに成長
2008年ごろ	もの覚えが悪くなったと感じるように
13年3月	大学病院で若年性アルツハイマー型認知症の診断を受ける。2人の娘はまだ中1と小5だった
6月	家族の会のつどいに参加。同じ認知症の当事者に出会う
14年ごろ	講演活動を始める。今では年間100回の講演をこなし、全都道府県を回った
10月	日本初の認知症当事者団体「日本認知症ワーキンググループ」の最年少設立メンバーになる
15年1月	首相官邸で安倍晋三首相と意見交換。認知症当事者の就労支援充実などを求める
5月	認知症当事者による当事者のための相談窓口「おれんじドア」を仙台で開設。代表を務め毎月1回ペースの会合を続けている
17年7月	「丹野智文 笑顔で生きる～認知症とともに」を出版

ました。

仙台で治せる病院がないか、期待を込めて「宮城県　アルツハイマー」で検索しました。そこで認知症の人と家族の会があることを知りました。

この先どうしたらいいか、仕事をクビにならないか、不安でいっぱいだったので、国からの支援がないかと区役所に行きました。40歳以下の場合、介護保険も使えないので何もないと言われました。

その帰り道、家族の会の事務局に寄ると、「若年のつどいがあるよ」と教えてくれました。ただ、近い年齢の人がいるか聞くと、若くて60歳ということでした。「やっぱりそうか。１回だけ顔を出して、嫌なら行かなければいいや」という気持ちで足を運びました。

ところがみんなが優しく声をかけてくれて、話をしてみるとみんな同じ病気、飲んでいる認知症を遅らせる薬も同じ。なんだかうれしくなりました。「**助かった。自分の病気のことも言える**」「**分かってくれる人がここにいる**」と感じました。

旭川講演を実現させた「オレンジRUN!!　あさひかわ実行委員会」のメンバーらと丹野さん（前列右から3人目）。講演後、参加者約300人を一人一人見送ると、「笑顔に励まされた」と握手を求める人が続出した

「選んだのは悔やむのではなく、共に生きる道」

その後、笑顔で元気な認知症当事者と出会い、10年たっても元気でいられることも知りました。私が選んだのは、認知症を悔やむのではなく、認知症と共に生きるという道です。家族と過ごす時間が増えた、家族の会の人々と知り合えた、たくさんの人の優しさに触れ合えた……悪いことばかりではありませんでした。「認知症＝終わり」ではないことにも気付きました。

つらいのは病気になったことではなく、妻子や両親に心配をかけていることです。困るのは認知症だと誰も気付かないことです。初期の認知症は、見た目には普通の人と変わりないからです。普通に話しかけられ、物事も頼まれます。やろうとしますが、できないこともあり、そうすると全てが嫌になってしまいます。

そこで私は**病気をオープンにしようと思いました。**病気だと分かってもらえば、サポートしてくれる人がたくさんいることを知ったからです。

ただ、私自身がオープンにしていいと思っても、家族に迷惑がかかるのではないか、子供たちがいじめられたりしないか、などと考えました。両親は「自分の思うようにしなさい」と言ってくれました。

子供たちには、「友達に知られるかもしれないよ」と話しましたが、「パパは良いことをしているんだからいいんじゃない」と言ってくれました。私はその言葉で、オープンにしようと決めたのです。

しかし、偏見があるのでオープンにできないと言う人が多いのも事実です。私は、その人自身や家族の心の中に偏見があるのだと感じます。「周りから何を言われるだろう」「どのように思われるだろう」と考えてしまうからです。

「環境さえ良ければ、笑顔で楽しく過ごせると知りました」

学生時代の部活仲間と会う機会がありました。行くまでは「みんなの顔、覚えているかな」「昔のこと、忘れてないかな」と心配でした。病気のことを伝え、冗談交じりで「次に会うとき、みんなのこと忘れてたらごめんね」と言うと、「大丈夫。おまえが忘れても、俺たちが覚えているから」と言ってくれました。

自分がみんなのことを忘れても、みんなが覚えていてくれる。だから忘れたっていい。そう思って生活していこうと思えるようになりました。

認知症になっても、周りの環境さえ良ければ笑顔で楽しく過ごせることを知りました。認知症と診断されてから、環境が一番大切だと感じています。これは若い人でも年配の人でも同じだと思います。

「できること奪わないで。少しの言い方でも、怒られたと感じます」

認知症というと「何もできなくなるのでやってあげなければ」と思っている人が多いでしょう。でも介護が必要なのは、重度になってから。診断されると介護保険の話をされるので、すぐ介護が必要になると連想し、何もできないと決めつけていたのでは?

できることを奪わないで。時間はかかるかもしれませんが、待ってあげて。1回できなくても、次はできるかもと信じてあげてください。できたとき、当事者は自信を持ちます。善かれと思って全てをやってあげたり、できないと決めつけてやってしまうと自信を失い、本当に何もできなくなってしまいます。

失敗しても怒らない、行動を奪わないことが、当事者の気持ちを安定させ、進行を遅らせるのだと思います。失敗しても怒られない環境が認知症当事者には必要なのです。

ちょっとした言い方でも、当事者は不安からなのか、怒られていると感じてしまいます。**当事者は失敗したことが分かっています。なぜ失敗したかが分からないだけ。**失敗して悪かったと思っているのに怒鳴られると、どうしようもなく怒りに変わります。

当事者は失敗ばかりするので、家族や周りの人に迷惑をかけてはいけないと思ってしまいます。そして迷惑をかけないようにと、何もしなくなる人が多いのです。

「誰でもなり得るものです。みんなで支え合う社会を作りましょう」

認知症の人は診断直後から、守らなければならない存在だと思われてきました。そのことで気持ちが落ち込んでいる当事者がたくさんいます。その人たちをなんとかしたいのです。

目が悪い人も、視力は0・7、0・1、0・01など人それぞれ違うし、みなさん違う度数の眼鏡をかけています。ひとまとめにして0・01用の度の強い眼鏡をかけさせたらどうなると思いますか？

合わない人は動けなくなってしまいます。このようなことが認知症の当事者には普通に起きていて、初期でも重度と同じく「介護の必要な人」としてひとまとめにされている現実があります。認知症だっていろいろなタイプがあり、いろいろな段階があります。

そして認知症と高齢者の老化も、ひとまとめにしているような気がします。

「うちの施設にいるお年寄りと丹野君は全然違う」とよく言われます。何を言っているのだと感じます。認知症を抜きにしても、40代と80代は全然違うでしょう。年をとれば耳も目も体も衰えます。だから高齢者は生活に支障が出るのではないでしょうか。

それを抜きに、認知症という言葉で同じにするからおかしいのです。**病名から人を見るのではなく、目の前の人をきちんと見る必要があります。**確かに、進行して介護が必要な人もいます。でも、その人にも初期の時期があったことを忘れないでほしいのです。

「怒る人になったわけではなく、怒らされている」

多くの当事者や家族と話をしてきました。1テンポ、2テンポ遅れるだけで、家族が当事者に代わって話をしてしまったり、当事者を前に「この人は何もできなくなった」「話ができなくなった」などと言う光景を見てきました。

当事者はまだ、聞くこともできるし考えることもできるのに、そんなことを言われたら落ち込みます。よく認知症の人は怒るようになると言われますが、怒る人になったわけではなく、怒らされていることを分かってほしいのです。

私が告知され、不安でいっぱいだった時、どこに何を聞いたらいいのかも分からずにいました。私は自分で**家族の会を知り、そこでいろいろなことを教えていただき、不安が解消されていきました。**

何も分からないことで不安は増します。認知症は決して恥ずかしい病気ではなく、誰でもなり得るものです。できなくなることもありますが、できることもたくさんあります。

ますます増えていく認知症。みなさんもいつなるか分かりません。みんなで支え合う、認知症になっても大丈夫な社会をつくりましょう。互いに助け合うことに抵抗がなくなる環境ができれば、どんな障害があっても安心して出かけられます。そして誰にとっても優しいまちになるのではないでしょうか。

丹野さんが重ねた工夫

「認知症です」カード示せば助けてくれる人がいた

「仙台から旭川までも1人で来ました。定期入れに『若年性アルツハイマー本人です』と書いたカードを入れています。（カードを見せて）行き方や切符の買い方を聞けば教えてくれます」――。

丹野さんの生活には、認知症と共に生きるための工夫がたくさんあります。「認知症をオープンにすれば、サポートしてくれる人がいます。だから認知症の症状はいろいろあるけれど、困らないんです」と言います。

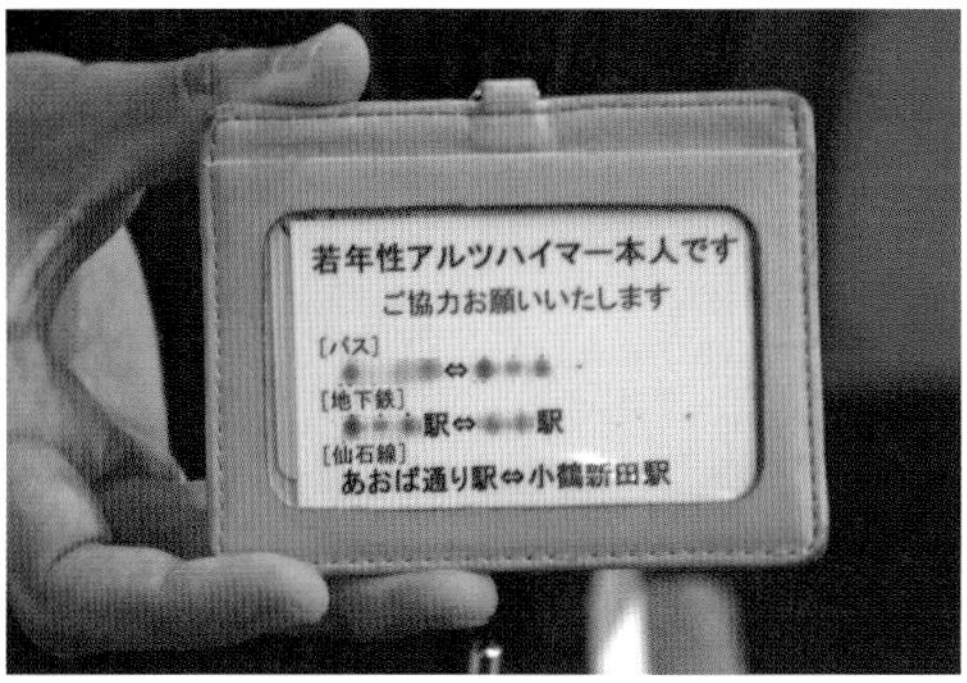

丹野さんの定期入れ。「若年性アルツハイマー本人です。ご協力お願いいたします」と記し、通勤経路も記載してある。困ったときに見せるとサポートしてくれる人がたくさんいるという

カードには、自宅と勤務先を結ぶバスと地下鉄、ＪＲの経路も記されています。毎日の通勤でさえ、行き方や帰り方、その時いる場所も分からなくなることがあるからです。

最初は通りがかりの人に「会社の場所を忘れたので教えてください」と話しかけていました。しかし、大半の反応は「なんだこいつ」という顔。女性からは「新手のナンパですか？」と言われました。こうした積み重ねで、自分なりに工夫していきました。

日々の行動と段取り　２冊のノートに記録

職場で座席が分からなくなるため、椅子に目印となる愛用のジャンパーが掛けてあります。上司が誰か分からないときは周囲に聞きます。

記憶し続けることができないため、仕事に必要なことはノート２冊を使い分けて記録しています。

１冊は「やらなければならないこと一覧」と「日々、実際にやったこと」。20項目ほどの定例の予定をこなすごとに丸印を付け、その日やった仕事を１日１ページずつ使って記録します。翌日忘れてしまっても、やったかどうかが一目瞭然になるようにしています。

もう１冊は「仕事の段取り」について。「棚の○段目から書類を取り出す」「印刷はこのプリンターで用紙サイズは○○」など、やり方を忘れても確実にできるように手順を記しました。丹野さんは「誰が見てもできるノートだから、今では後輩が借りに来て使うくらい」と笑顔を見せます。

当事者同士の会話から偏見なくすヒント

丹野さんは、認知症当事者が、不安のある当事者から相談を受ける窓口「おれんじドア」を２０１５年に設立。仙台市内で毎月１回のペースで会合を開いてきました。さらに年間１００回を超える講演会なども通じ、40代から90代まで３００人以上の認知症当事者と会話をして、

分かってきたことがいくつもあるといいます。

　国は「認知症バリアフリー社会」の実現を提唱していますが、丹野さんは「認知症のバリアは人」と言い切ります。

　当事者の集まりでは、昼食の時間になると家族が弁当を持ってきて、ふたを開け、箸を割って渡す――。そんな光景が普通でした。

「どうして、できることまでやってあげるのか。当事者も嫌だけど、迷惑をかけているから言えない。やってもらっているうちに当たり前になって依存してしまう」。集まりでは家族に手助けを遠慮してもらっているそうです。

笑顔で元気な当事者の姿を見せる

　認知症の診察に行きたがらない人は少なくありません。丹野さんは「診断されたら病名だけで『何もできない人』というレッテルを張られたも同然。早期診断＝早期絶望になってしまう」と指摘します。認知症への誤解や偏見をなくすことが丹野さんのライフワークです。

　認知症対策で政府が「予防」を重視することについて、「あれは良くない」と言います。「予防に取り組んでいたのに、認知症になってしまったという考えにつながり、当事者が『悪いことをしてしまった』という思いになってしまう」からです。

　丹野さんは「予防、予防といって、やりたくもないことをやらされるのはつらい。これまでだって、もの忘れが始まると実際、そのような経験をしてきた人がたくさんいます」と指摘。「認知症になっても外に出て、人に会って笑えるような自立した生活が続けられる支えこそが大切」というのが持論になっています。

　当事者は、もの忘れには気づいており、不安を抱えていることが多い。だからこそ当事者同士で話をする効用があるといいます。「だって、私のように診断から6年たっても、笑顔で元気な当事者を目の前で見るわけですから」

●若年性認知症
　65歳未満で発症する認知症のこと。国の調査では全国に3万8千人と推計されている。道は2012年の調査で道内に771人を把握、アルツハイマー型が50％、脳血管性が25％、レビー小体型は3％だった。認知症全体では12年の調査で462万人。25年には730万人に達するとみられている。

悩み共有し、育む友情

「リカちゃんのおかげで明るくなれた」「同じ状況のハルちゃんとだから、何時間でも互いのことを話していられる」――。北海道認知症の人を支える家族の会が2019年7月から月1回ペースで始めた「当事者のつどい」で、若年性認知症の女性2人が出会い、友情を育んでいる。家族にも言えない苦しい胸の内を話すうち、自然と抱き合って涙が止まらなくなる。

女性2人、当事者のつどいで出会い

出会いのきっかけは、丹野さんが認知症をオープンにして活動している様子を紹介する北海道新聞の記事でした。「当事者のつどい」があることを知り、参加してみることにしました。

リカさんは49歳。仕事の効率が悪くなったり、道に迷うようになったりしたため病院を受診し、2019年5月、若年性アルツハイマー型認知症の疑いがあると言われました。

ハルさんは61歳。50代半ばでレビー小体型認知症の診断を受けました。「家族以外には誰にも言わずに隠し、家に引きこもって暮らしていました」といいます。

2人は最寄り駅で待ち合わせ、つどいの2時間前には会場のある「かでる2・7」（札幌市）に到着。一緒に食事をしながら会話を楽しむのが恒例になっています。「外で話すより落ち着ける」と、自宅でお茶会をすることも。夫からも「いい出会いだったね」と言われ、夫も交えた「飲み会」も計画しています。

リカさんは「コクリ（告白）活動」と称して、これまで20人以上の友人に認知症になったことを伝えてきました。「私の家族が困ったり悩んだりしたとき、私の病気を知っている人がたくさんいれば、力になってくれる人もそれだけいるはず」

ハルさんは「最初の一歩を踏み出すのに時間がかかってしまいましたが、つどいのおかげで自分も変わったし、夫も私を気遣いつつ外に送り出してくれたり、認知症の講演会に足を運んでくれたりします」と笑顔を見せます。

なんでも打ち明け、互いが相手の支えに

これからどうなっていくのか、

２人とも不安は尽きませんが、笑って前向きにいたいと思っています。ただ、丹野さんのように実名を公表して活動するところまでは踏み出せません。だから今回の記事も匿名での登場となりました。

同家族の会の「つどい」は、介護する家族を中心に開いてきましたが、試験的に当事者のつどいを実施したところ、40代から70代まで６人が参加。それぞれの思いを打ち明けました。介護保険や病院と接点がないままの人がいることも分かり、毎月開催することになりました。

事務局長で若年性認知症支援コーディネーターでもある西村敏子さんは「１人で抱え込まずにつどいに来て、同じように認知症になった人同士で話す効用にあらためて気付きました。しかもリカさんとハルさんはもう大親友で、なんでも打ち明け、互いが相手の支えになっています」と話す。

当事者のつどいについての問い合わせは「北海道認知症の人を支える家族の会」（電話０１１・２０４・６００６（平日午前10時から午後３時））へ。同じビル内の別な部屋で家族のつどいも開くため、当事者と家族が一緒に来て、それぞれ別な場所で思いを打ち明けることもできるようになっています。

抱き合って互いのぬくもりを感じると、認知症の不安や悩みが涙と一緒に解け出していく。リカさんとハルさん、２人を支える家族の会の西村敏子さん（左端）

●レビー小体型認知症

もの忘れが初期症状のアルツハイマー型と違い、初期から中期は記憶障害が軽度で認知症に見えにくい。一方で、①存在しないものが見える「幻視」②眠っているときに叫ぶ「レム睡眠行動障害」③しっかりしているときと、そうでないときを繰り返す「認知機能の変動」④動きが遅い、すり足や小刻み歩行などの「パーキンソン症状」――といった特徴的な症状がある。

第2部
介護編

「しっかり歯みがきをするだけで、誤嚥性肺炎やインフルエンザにかからなくなる」「日本で言う優しく触れる『手当て』を介護手法として体系化したら、不安やストレス、痛みの軽減につながった」「5種類以上の薬を飲んでいたら急激に転倒しやすくなる」など、知られざる介護や服薬の新常識を分かりやすくお伝えします。また、新型コロナウイルスの感染が拡大した2020年春、テレビ会議システムで実施した老人看護専門看護師の座談会から、高齢者の医療・介護現場が抱える問題を知ることで、立ち向かう方法を探ります。

歯磨きケア

口から細菌減らして 誤嚥性肺炎抑制

介護現場で今、口腔ケアの重要性が注目されている。室蘭市内の特別養護老人ホームが、訪問診療をしている歯科クリニックと連携して続けてきた取り組みでは「誤嚥性肺炎が減った」「インフルエンザにもかからなくなった」など、さまざまな効果が表れてきている。そこには在宅介護の現場はもちろん、要介護になる前から、日々の歯磨きに取り入れたい工夫がたくさんあった。

「あ～、気持ちいいですよ」――。特別養護老人ホーム「舟見の杜」（室蘭市舟見町1）で暮らす新田ハギさん（92）は、歯科衛生士の手による口腔ケアを終えるとにっこり笑って言った。

入れ歯のこすり洗い、口の中の汚れをガーゼで拭き取ってから保湿剤を塗り、歯ブラシにガーゼを巻いて舌の汚れを落とす手順で、口の中がきれいになった。

新田さんは、他の施設から舟見の杜に移ってきた1年半前、既に総入れ歯になっていた口の中は汚れが目立った。ケアで口の中が清潔になり、心身の状態も良くなって今春、要介護度は5から4に戻った。

舟見の杜は2014年春のオープン時から、共立歯科クリニック（登別市）の協力を得て、歯科医師の訪問診療を隔週で、歯科衛生士の訪問衛生指導を毎週1回受け続けている。つまり週1回以上は、プロから口腔ケアを受けているわけだ。

さらに介護職員による日々の口腔ケアも、毎食後と就寝前に欠かさない。夕食後と就寝前のケアは時間が重なる人も多いので、1日3～4回の歯磨きになる。

要介護になったり認知症になったりすると、歯磨きがおろそかになるのが普通だが、要介護になる前より手厚くなっているほどだ。

◆口腔ケアの達人◆
原善行さん

はら・よしゆき。北海道医療大歯学部卒。同大医科歯科クリニック勤務を経て、2004年から共立歯科クリニック勤務。一般歯科診療のほか訪問歯科診療に携わり、口腔ケアの研修も開いている

郵便はがき

料金受取人払郵便

札幌中央局
承認

6262

差出有効期間
2022年12月31日まで
(切手不要)

0 6 0 - 8 7 5 1

672

(受取人)

札幌市中央区大通西3丁目6

北海道新聞社 出版センター

愛読者係 行

お名前	フリガナ		
ご住所	〒□□□-□□□□ 都道府県		
電話番号	市外局番( ) —	年齢	職業
Eメールアドレス			
読書傾向	①山 ②歴史・文化 ③社会・教養 ④政治・経済 ⑤科学 ⑥芸術 ⑦建築 ⑧紀行 ⑨スポーツ ⑩料理 ⑪健康 ⑫アウトドア ⑬その他( )		

★ご記入いただいた個人情報は、愛読者管理にのみ利用いたします。

愛読者カード　達人が教える❷認知症と介護の

本書をお買い上げくださいましてありがとうございました。内容、デザインなどについてのご感想、ご意見をホームページ「北海道新聞社の本」http://shopping.hokkaido-np.co.jp/book/の本書のレビュー欄にお書き込みください。

このカードをご利用の場合は、下の欄にご記入のうえ、お送りください。今後の編集資料として活用させていただきます。

<本書ならびに当社刊行物へのご意見やご希望など>

■ご感想などを新聞やホームページなどに匿名で掲載させていただいてもよろしいですか。（はい　いいえ）

■この本のおすすめレベルに丸をつけてください。

高（　5・4・3・2・1　）低

〈お買い上げの書店名〉

都道府県　市区町村　書店

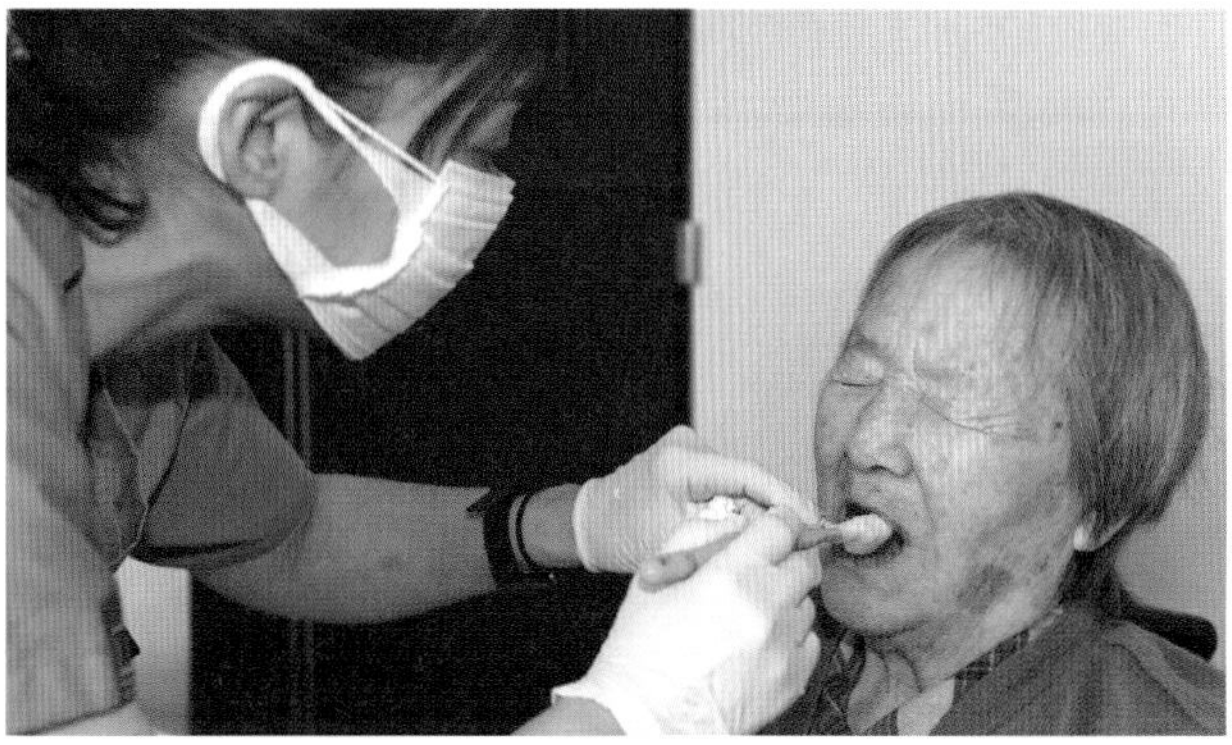

歯科衛生士から口腔ケアを受ける新田ハギさん。歯ブラシに水でぬらしたガーゼを巻いて舌の汚れを落としている＝室蘭市内の特養ホーム「舟見の杜」

舟見の杜は定員29人で小規模な地域密着型の施設。介護度の重くなった高齢者が暮らす施設につきものの誤嚥性肺炎は5年間で2人、インフルエンザも2人にとどまっている。

訪問診療を担当する共立歯科クリニック副院長の原善行さんは「**特養ホームとしては奇跡的な数字。どちらも高齢者にとっては命にかかわる病気なので、徹底して口腔ケアをしてきた効果は大きい**」と話す。

原さんは10年前、舟見の杜と同じ社会福祉法人が経営する特別養護老人ホームに訪問診療したのをきっかけに、ホームぐるみで口腔ケアに取り組むことに協力し始めた。舟見の杜では、開設時から協力体制を徹底してデータも取り始めた。

お年寄りがホームに入った際、訪問診療して口腔内の検診をすると、「総入れ歯を外したことがない」「細菌や食べかすによる舌苔（舌に付着する白い苔状のもの）がひどい」「重度の歯周病」などの症状が普通にある。

こうした口の中から、**細菌がいっぱいの唾液が誤嚥で肺に入ると誤嚥性肺炎を引き起こす。**また口の中が不潔だと、細菌から出る酵素でインフルエンザウイルスを粘膜に浸透しやすくするとも言われる。

原さんは、口腔ケアを続けると口内環境が劇的に改善され、入居者がどんどん元気になっていくことに気付いた。「入院や退去がすごく少ない。訪問する度、なじみの関係になっていきます。世間話をしながら『2週間後に来ますね』と別れ、また同じ笑顔に会えるのが楽しみなんです」

舟見の杜の生活相談員、波方元希さん（37）は「入居者が体調を崩して入院すると、体力が落ちるなど戻ってきても同じ状態とはいかず、入院が少ないのは大きい。総じて元気なお年寄りなので落ち着いた環境となり、職員の負担も軽減されます」と効用を説く。

汚れ 奥からかき出す

原善行さんの訪問歯科診療や歯科衛生士による訪問衛生指導、介護職員による舟見の杜での日々の取り組みから、施設や家庭でもできる口腔ケアの方法を紹介する。

口腔ケアは毎食後と就寝前に行いたい。「口の中は奥から手前に」が基本。汚れを押し込むのではなく、かき出すという考えだ。高齢になると、口の中に大きな食べかすが残ったままになっていることが多いので、可能なら口をしっかりゆすいでから口腔ケアを始めるのがいい。

歯のある人は歯磨きから。歯磨剤は発泡剤が入っていないものを選ぶ。発泡剤が入っているとスッキリした気持ちになるが、高齢者にとっては口の中が泡だらけになって苦しいからだ。

歯ブラシを握って持つと腕で磨くような格好になり、歯や歯肉に負担がかかりすぎる。鉛筆を持つようにすれば、コントロールもしやすくちょうどいい。口の中の唾液を飲み込まないようにする吸引付きの歯ブラシもある。

終わったら口をゆすぐ。できない人には、口腔内用のウエットティッシュで拭き取る。舌が白くなっていたら、歯ブラシにガーゼを巻き付けたものか、専用の舌ブラシできれいにして、再び口をゆすぐ。口が渇くなら口腔内保湿剤（液体やジェルタイプがあり、ドラッグストアで購入できる）で仕上げる。

総入れ歯の人はまず入れ歯を外し、入れ歯ブラシでこすり洗いする。歯ブラシを使うより長持ちする。よくあるつけ置き洗いの洗浄剤を使いたいときにはこの後で入れる。

口の中は水でぬらした目の粗いガーゼを指に巻き付けて汚れを取る。舌の裏側も忘れずに。舌のケアは歯のある人と同様。最後に口腔内保湿剤を塗る。

口の中をきれいにするときは、使い捨てのスポンジブラシを使ってもいい。水に漬けた後、絞ってから使うのがポイントだ。歯間ブラシを使う場合は、入れたときに抵抗がないくらいちょっと細めを。しっかり口をゆすぐか拭き取るかをしないと、口の中で細菌を散らしただけになってしまうので気をつけたい。

POINT

原さんが説く
口腔ケアの重要性のポイント

- 残った歯が少ないほど寿命が短い
- 認知症や要介護状態になると歯のケアがおろそかになってしまう
- 就寝中、気道に流れ込んだ細菌たっぷりの唾液が誤嚥性肺炎の原因になるため寝る前の口腔ケアが大切
- 口の中がきれいになると口臭も減り、誤嚥性肺炎にもかからなくなる
- 高齢者ばかりではなく口の中を汚くしていると全身麻酔の外科手術でも肺炎になることがある
- 手に負えないことはどんどんプロに任せて

自分の歯の人

❶毎食後と就寝前、できれば口をゆすいでから歯磨き
歯磨剤は発泡剤が入っていないものを

❷口をゆすぐ。できなければ口腔内用ウエットティッシュで拭き取る

❸舌が白くなっていたら歯ブラシにガーゼを巻き付けたもの（写真Ⓒ）か、専用の舌ブラシできれいに

❹もう一度❷を繰り返す

❺口が渇くようなら口腔内保湿剤で仕上げ

共通

口の中は必ず奥から手前が基本（汚れを押し込むのではなく、かき出す）

Ⓐ
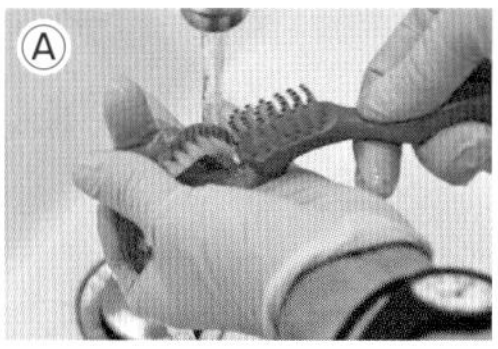

Ⓑ
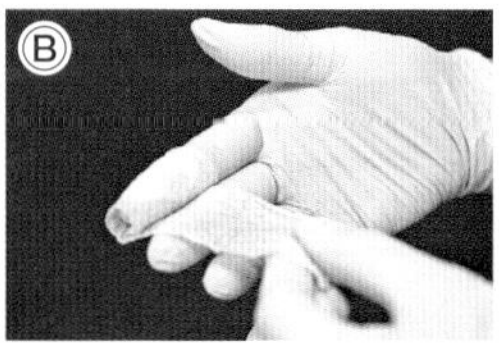

Ⓒ
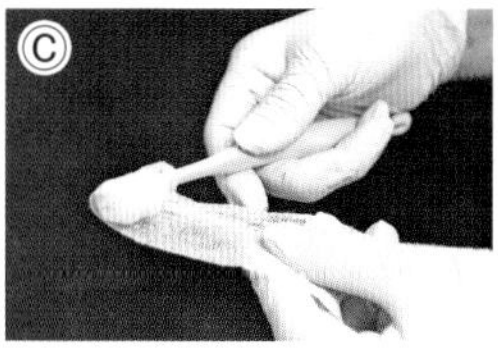

総入れ歯の人

❶毎食後と就寝前、入れ歯を外し入れ歯ブラシでこすり洗い（写真Ⓐ）

❷できれば口をゆすいでから、水でぬらした目の粗いガーゼを指に巻き付けて口の中の汚れを取る（写真Ⓑ）

❸歯ブラシにガーゼを巻き付けたものか（写真Ⓒ）専用の舌ブラシできれいに

❹口をゆすぐ。できなければ口腔内用ウエットティッシュで拭き取る

❺口腔内保湿剤を塗る

清潔にして寝る習慣を

共立歯科クリニック（登別市）副院長で訪問歯科診療を担当する原善行さんは、舟見の杜をはじめ高齢者の口腔ケアを長年、実践してきた。データも豊富で、高齢者施設職員の研修などに引っ張りだこの原さんに、効用や手法を聞いた。

日本で100歳以上の人口は、1963年に153人だったのが、55年後の2018年には7万人近くまで増えています。

平成の時代に入ってから、80歳になっても自分の歯を20本保とうという「8020運動」が始まりました。達成率は当初、7％程度でしたが、今では50％を超えました。

残った歯の本数が少ないほど寿命が短いことも分かってきました。20本以上歯のある人と比較した死亡率は0～9本だと1・7倍になるのです。

では、高齢者の口の中に歯が多く残っているのは、いいことだけでしょうか。

平均寿命と健康寿命の間には、男女とも10年前後の差があることは知られています。歯科医の視点で考えると、歯科医院への通院が困難となり、口腔内の管理に支障が発生する期間ということになります。

認知症や要介護状態になると、長く大切にしてきた歯のケアがおろそかになって悪さを始めます。高齢者に見られる歯科疾患には虫歯、歯周病、歯が折れる、摩耗、多数歯の欠損によるかみ合わせの喪失、入れ歯の不適合、歯石、舌苔などが挙げられます。高齢になることによって舌や口腔周囲筋の筋力低下、唾液分泌の減少、味覚異常などの変化も表れてきます。

例えば奥歯が折れてとがると舌を傷つけます。**「急に食事をとらなくなった」と言われて診察すると、舌に裂傷を負っていたこともありました。**痛くて食べるのが嫌になるのですね。しかも抵抗力の落ちた高齢者は炎症が広がりやすい。

在宅介護のケアマネから「入れ歯を外さない」と連絡が来たこともありました。外して洗うということが分からなくなっているのですね。食べかすだらけで、汚れ放題でした。そういう人は相当いると思います。

元気なうちは自分で プロに頼る手も

治したら治療が終了するのが一般的な歯科診療でしたが、高齢者の場合、放っておけば確実に再び悪化します。だから定期的なケアが必要なのです。

歯垢には、耳かきですくったくらいの量0・001グラム中に1億の細菌がいます。飲み込んで胃に入れれば胃酸で死滅しますが、誤嚥して肺に入ったら肺炎につながります。

そして誤嚥性肺炎の多くは、食事をとったときや飲み物を飲んだときにむせて誤嚥したものではなく、寝ている間に知らず知らずのうち、唾液が気道に流れ込む誤嚥が原因になります。

だから口の中をきれいにしてから寝てもらうのが大切なのです。特別なことは必要ありません。普通に清掃し、それを続けるだけでいいのです。

高齢者施設からの依頼で訪問診療に入ると、最初は「義歯をつくって入れる」など、治療だけでした。しかし口の中の環境、汚れが気になりました。このままでは大変なことになると感じ、「入居者の口腔ケアをしてはどうか」と勧めたのが始まりでした。

口の中がきれいになると臭いも減り、何年かすると肺炎になる人が減っていることに気付きました。

口腔ケアの大切さは、介護が必要な高齢者に限ったことではありません。例えば外科手術が成功して治っても、肺炎を起こすことがあります。全身麻酔で挿管した際、口の中が汚れていると細菌がいっぱいの唾液が入ってしまうのです。体力が低下している状態だと肺炎になってしまいます。

まず元気なうちは自分でしっかり口腔清掃、介護が必要になったら介助者が口腔清掃、そしてできないことはどんどんプロに任せてください。「歯医者さん、衛生士さん、助けて！」でいいんです。

タクティールケア①背中

優しく触れる「手当て」

年をとって体の自由が利かなくなったり、認知症になったりしても穏やかな暮らしを続けるためには、どんな介護が望ましいのか。スウェーデン発祥の介護手法「タクティールケア」は、ゆっくりした動きで背中や手足に触れることで不安感やストレス、痛みの軽減などにつながるとされます。日本では数少ない認定インストラクターで、社会福祉法人「幸清会」の鈴木卓也さん（58）に、家庭でもできる簡単なやり方を手ほどきしてもらいます。

タクティールケアを始める際、準備するのはクッションとバスタオル、スキンケア用のオーガニックオリーブオイルだけです。オリーブオイルはハンドクリームやベビーオイルで代用してもいいでしょう。

背中、手、足の3部位の手技が確立されていますが、効果はどこをやっても同じです。私の経験では、足を恥ずかしがったり、くすぐったがったりする人がけっこういますが、そのような場合は「じゃあ、手をしましょうか」と言います。**受け入れてくれるかどうか、確認しながら何度もするうち、その人が好きな部位が分かってきます。**

ゆっくり包み込むように、一部位につき10分くらいは触れ続けてください。背中なら10分、手足は両方があるので片方10分ずつと考えていただければいいでしょう。というのは、安心と信頼のホルモン「オキシトシン」が7～8分で脳内から分泌し始め、2～3分で全身を巡って穏やかな気分をもたらしてくれるからです。

「介護が大変で、そんな時間を作れない」という声を聞くこともあります。しかし1週間に2、3回、10～20分ずつのタクティールケアによって、介護を受ける方の状態が大きく変わり、互いに良い関係になるならどうでしょう。

◆タクティールケアの達人◆
鈴木卓也さん

すずき・たくや。道都大社会福祉学部卒業後の1985年に社会福祉法人「幸清会」（胆振管内洞爺湖町）に入り、取材時は幸豊園施設長。認知症ケア上級専門士、日本認知症ケア学会代議員認知症高齢者のストレスを軽減させ、知的機能や感情機能を維持させる一方で、攻撃性は緩和できたという臨床研究の結果も報告されています。

日本でも「手当て」という言葉があるように、優しく触れる効果は昔から知られています。手順を踏まえて触れてあげると、相手にも感じ取ってもらえます。

手のひら密着、ゆっくり10分

食卓テーブルの上にクッションを置き、タオルを敷きます。椅子に座って、そのクッションの上に頭を置き、腕でクッションを抱くように伏せてもらいます。オイルを使うなら服は脱ぎますが、背中は服を着たままでもいいでしょう。

タクティールケアはあいさつに始まり、あいさつに終わります。最初に「〇〇さん、よろしくお願いします」とあいさつします。触れられている相手だけではなく、触れている方にもリラックス効果があります。最後は、「私もあなたに触れることができて、心地よい時間を過ごせました」という気持ちを込め、「ありがとうございました」と伝えます。

肌と肌の触れ合いによるコミュニケーション方法なので、基本的に会話はしません。**こちらの手で背中を認識してもらう**のです。気持ちよくてリラックスするからか、よく「あったかいね」と声をかけられたり、思い出話をしてくれたりします。

まず、両肩にしばらく手を置きます。いったん手を置いたら、終わるまでどちらかの手が必ずどこかに触れているようにし、離しません。両手を背中の真ん中に移し、ここでもしばらくそのままにしておきます。

中心から時計回りに円を描きながら、ゆっくり触れていくところから始めます。相手の背中の丸みやくぼみに両手のひらを密着させ、アイロンをかけるような感じで触れていきます。「ここに肩がありますよ」「肩甲骨ですよ」ということを、言葉にしなくても伝えられるんです。

同じところを何度も何度も触れているように思うかもしれませんが、「あなたの背中はここまであるんですよ。背中はこんなに広いんですよ」と教えているんです。

どのくらいゆっくりかというと、1秒5センチくらいです。10分は続けてください。7〜8分で安心と信頼のホルモン「オキシトシン」が分泌し始め、2〜3分で全身を巡るからです。

POINT

背中のケア

❶「○○さん、これから背中のタクティールケアを始めます。よろしくお願いします」とあいさつし、両肩にしばらく手を置く

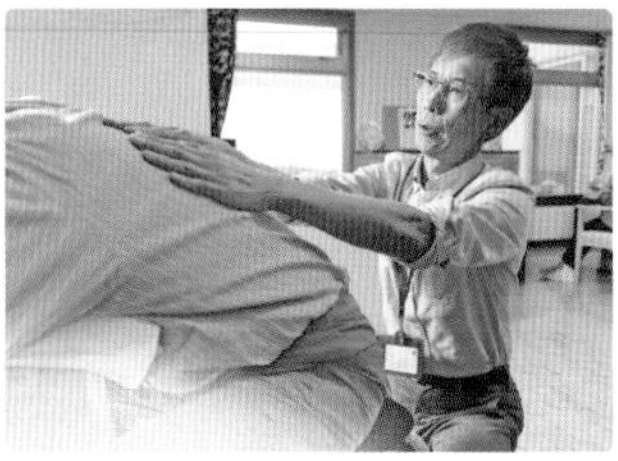

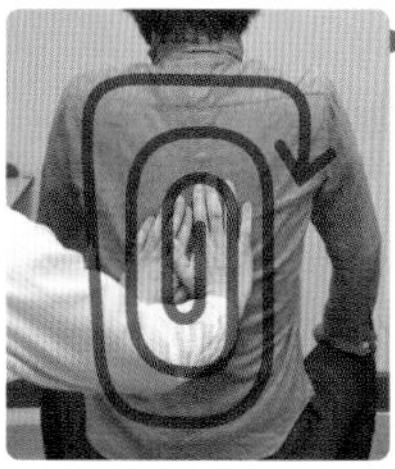

❷背中の真ん中に両手を移動させ、しばらくそのままに。そして中心から外側に時計回りで楕円《だえん》を描きながら、両手のひらを密着させ、ゆっくりと触れていく。一番、広いところは何周も繰り返す

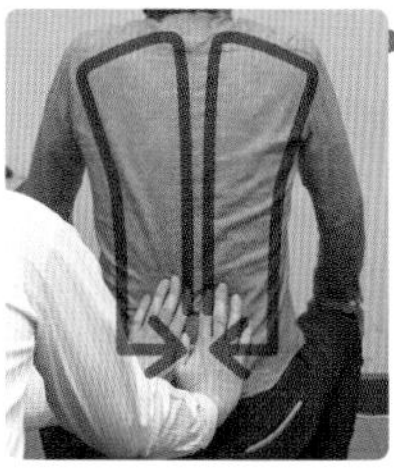

❸腰の低い位置から背骨に沿って首に向けて上昇する。肩を包むようにして左右に分かれ、背中の外側のラインをたどりながら下におろし、腰の中央で再びそろえる。これを3回繰り返す

❹両手を腰の真ん中に置き、ハートを何度も描くようにして肩まで上がり、肩の部分は何回も包み込むよう繰り返す

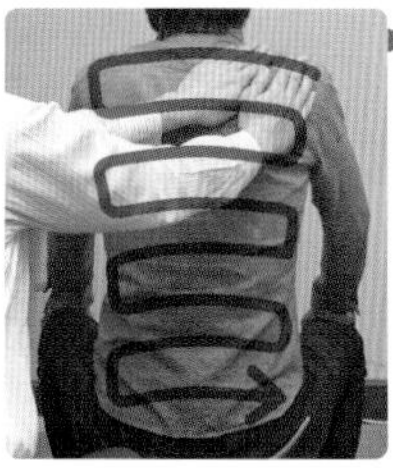

❺両手を右肩に移動させ、肩から背幅の一番広いところを行ったり来たりしながら、腰の位置まで下りる

❻再び❷の動作を繰り返した後、手を両肩にしばらく置く。最後は感謝の気持ちを込めて「ありがとうございました」と伝えて終わる

タクティールケア②手

向かい合い包み込むように

まず向かい合って椅子に座ります。膝と膝が触れあうくらいの距離感で、相手との信頼関係が深まる動きをしていきます。

膝の上にクッションを置き、タオルを敷きます。そこに両手を乗せてもらい、温かさを保つために両手をバスタオルで包みます。施術する手だけバスタオルを外します。

いったん手を添えたら、終わるまで、どちらかの手が必ずどこかに触れているようにします。片方の手をバスタオルから外したら、自分の手にオイルを垂らし、全体になじませます。

相手の手は甲を上にして優しく包み込むように3回なでて、オイルを手全体に行きわたらせ、甲側から施術を進めます。

力加減は、片方の手にもう片方の手を乗せたときくらいの重みと考えてください。その圧で手首から指先まで、ゆっくりと触れてあげます。手のひら全体を使ったり、親指と中指で挟んだりしながらです。

「あなたの手のひらはここまであるんですよ」「あなたの指先はここですよ」と、**言葉ではなく肌と肌の触れ合いによるコミュニケーションで伝えます。**

ケアを受けた人は、どこを触られているか認識することで、自分の体に関心を持つようになります。手のケアを受けると自分の手が分かり、動かし方を思い出します。

ゆっくりと丁寧に向き合うケアで、大切に思ってくれている人がいるということを感じてもらえます。片方の手を10分、両手で20分が目安です。

「自分には手があったんだ」という気付きに結びつきます。タクティールケア後の食事で、食器をつかめるようになった方もいました。安心感で入眠効果も期待できます。

POINT

手のケア

① 向かい合って椅子に座り、相手の膝の上にクッションを置いてタオルを敷く。相手の両膝を自分の両膝で挟むようにして、甲を上にした両手をそれぞれタオルでくるむ。「○○さん、これから手のタクティールケアを始めます。よろしくお願いします」とあいさつ

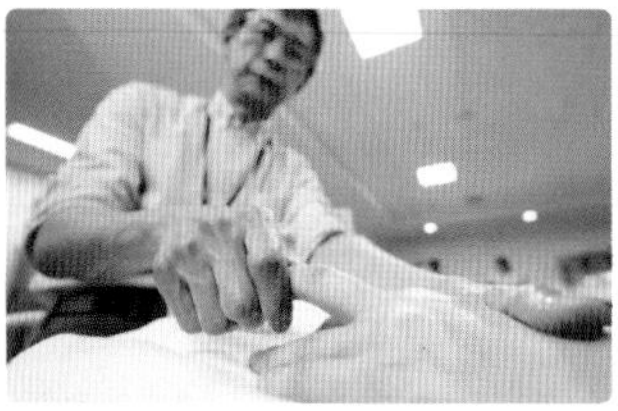

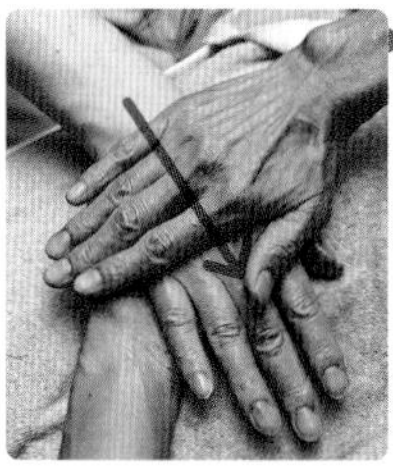

② 施術する手のタオルを外し、相手の甲に置いた自分の手のひらにオイルを垂らして伸ばす。相手の手を包み込むように3回なでて、オイルを全体に行きわたらせる

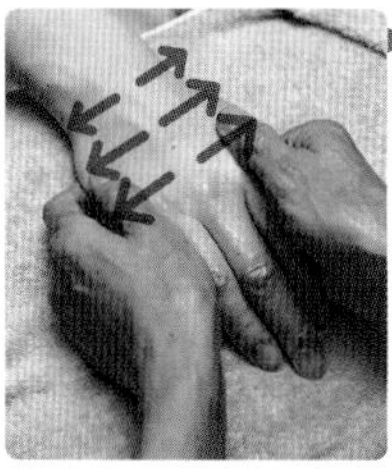

③ 両手の親指を中央から外側に向かってゆっくり動かす。徐々に手の先に移動しながら繰り返す

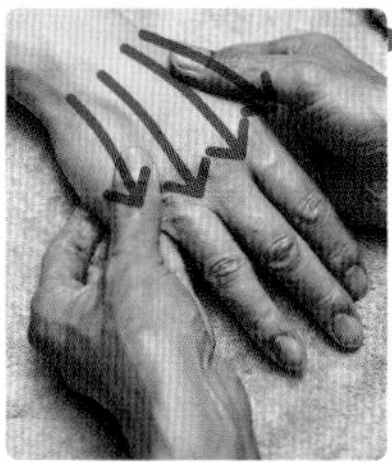

④ 親指と中指で甲と手のひらを挟み、甲の骨と骨の間に沿って指先に向けなでるのを3回繰り返す。同様のことを、それぞれの指で行う

⑤ 親指と人さし指で相手の指を横から挟み、付け根から指先に向けて円を描きながら動かし、次に上下に挟んで同様に動かす。5本の指それぞれで行う

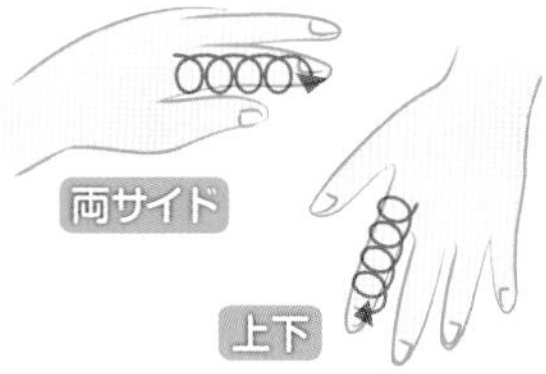

⑥ ❷と同様に3回なでる。そのまま返して手のひらを上に向ける

⑦ 手のひらを上にした状態で❸の動作を繰り返す

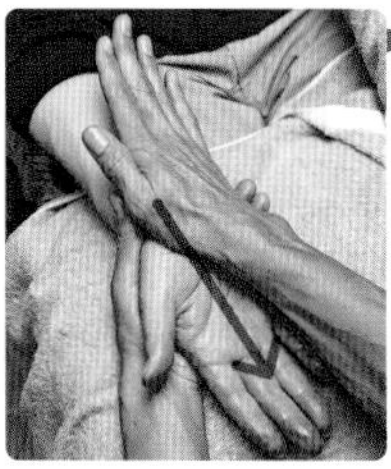

⑧ 自分の手首と相手の手首を重ね、指先に向けてなでる。3回繰り返してから甲を上に返す

⑨ 終わった手をタオルでくるみ、もう片方の手の施術をする。全て終わったら、タオルでくるんだ相手の両手の上に手を添え、終了を告げるとともに、「ありがとうございました」と伝えて終わる

タクティールケア③足

手順踏まえ 肌と肌で「対話」

受け入れられやすいのは背中ですが、「気持ちいい」とよく言われるのは足です。あまりの気持ち良さに、そのまま眠ってしまう人もいます。

ベッドで横になってもらうのがいいでしょう。タオルを敷き、足を乗せてもらいます。両足をタオルでくるんで温かさを保ち、施術する方だけ外します。

オイルを自分の手のひらに垂らし、足を柔らかく包み込むように3回なでて、オイルを足全体になじませます。手の場合と同じように甲から始め、指、足裏へと進みます。手よりも圧をかけていいでしょう。マッサージ療法でも医療行為でもありません。表面をなでるだけなので、痛くもありません。「手を当てる」という誰にでもできることが、手順を踏まえて取り組むと、肌と肌でするコミュニケーションになります。

「あなたの足の指先はここですよ」「ここが指の横ですよ」ということを、肌と肌の触れ合いで伝えてあげます。そもそも足の指は爪を切る頻度も少ないので、元気なときから触れる機会も少なかったはずです。

そこに意識が向くようになるので、**足のケアをしたら元気に足踏みをする方もいます。**不穏な方にも効果があります。優しく触れることで状態が良くなれば、「この人はいい人」と思われるようにもなります。互いがいい関係になるのです。

片足10分ずつ。両足で20分くらいです。足がむくんでいる人にも有効です。オイルを使うので保温効果も高まります。

●タクティールケア

商標登録された正式名称は「タクティール®ケア」。タクティールとは、ラテン語のタクティリスに由来する言葉で「触れる」という意味がある。日本では2005年設立の日本スウェーデン福祉研究所が、乳児から高齢者まで、健康な人から看護や介護が必要な人まで、さまざまな場面で幅広く活用できるケアの手法として紹介した。

POINT

足のケア

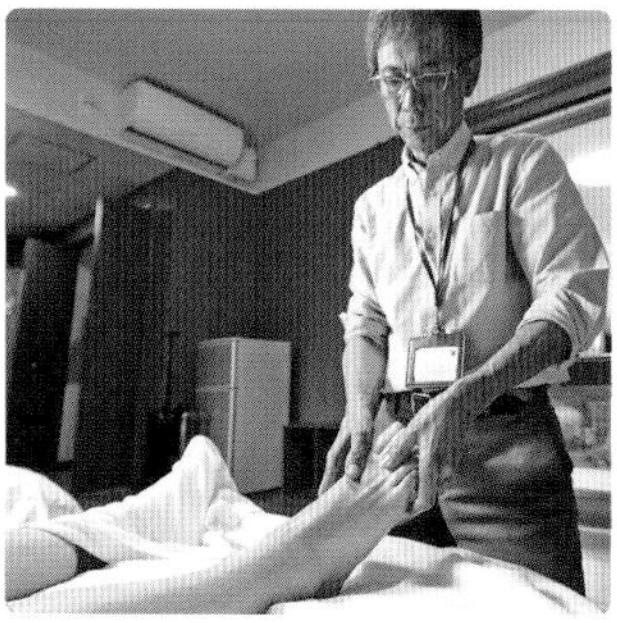

1 ベッドで横になってもらい、足元に敷いたタオルで両足をくるんでから、「○○さん、これから足のタクティールケアを始めます。よろしくお願いします」とあいさつする

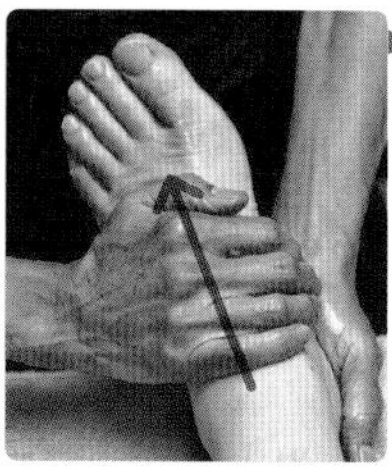

2 施術する足のタオルを外し、手のひらを上に向けて相手の足の甲に置いた自分の手にオイルを垂らして伸ばす。かかとを手のひらに乗せ、足を包み込むように3回なでて、オイルを全体に行きわたらせる

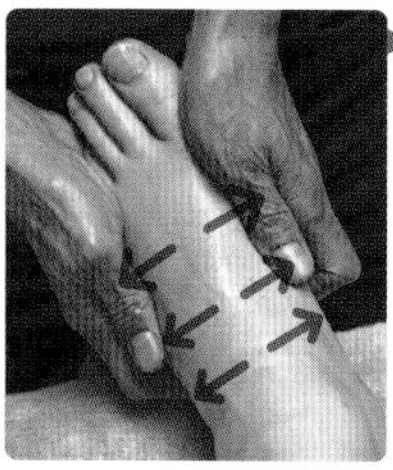

3 両手の親指を中央から外側に向かってゆっくり動かす。徐々に足先の方に移動しながら繰り返す

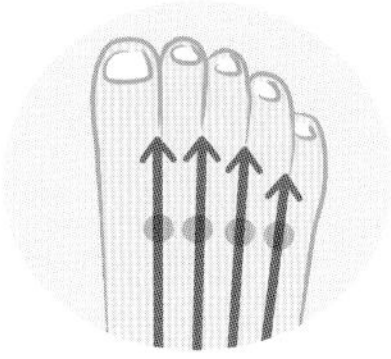

4 親指と中指で甲と足裏を挟み、骨と骨の間に沿って足首側から指先に向けなでるのを3回繰り返す。同様のことを、それぞれの指で行う

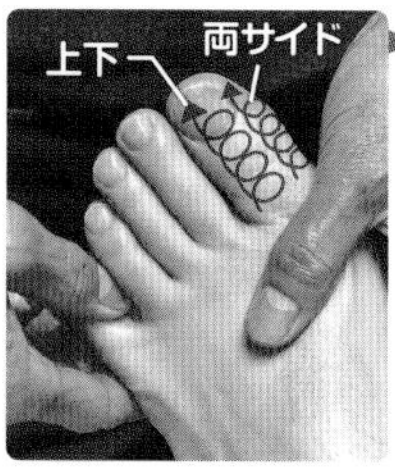

5 親指と人さし指で足指を横から挟み、付け根から指先に向かって、円を描きながら動かし、次に上下に挟んで同様に動かす。これを五本の指全てで行う

6 ❷と同様に3回なでる

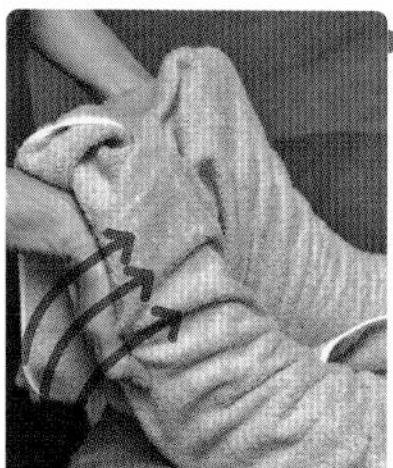

7 足首をベッド面と垂直になるように立てて足裏に手のひらを当て、アキレス腱を伸ばすような感じで軽く押してタオルでくるみ、もう片方の足の施術をする。全て終わったら、両足をタオルにくるんだまま、もう一度、足裏に手のひらを当ててアキレス腱を伸ばすような感じで軽く押す。終了を告げるとともに、「ありがとうございました」と伝えて終わる

高齢者と薬①

くすり手帳 常に携帯 多剤服用 弊害も

◆老人看護の達人◆
長瀬亜岐さん

体のあちこちが悪くなって通院先が増えがちな高齢者にとって、薬の管理は大切な問題です。北海道出身の老人看護専門看護師の長瀬亜岐さん（49）＝大阪府茨木市在住＝に、「高齢者と薬」について、よくあるトラブルの実例を交えながら、注意点を教えてもらいます。

「おくすり手帳」を使っていますか？ 自分が服用してきた薬を記録する手帳のことです。病院や調剤薬局でもらえます。処方の日付や医療機関、薬の名前と量、服用の方法、調剤薬局名などが記載された紙を貼り足していくのが普通です。

先日、「もの忘れ外来」を半年ぶりに受診した患者さんの手帳を確認すると、かかりつけ医から認知症の治療薬が処方されていないことが分かりました。かかりつけ医からの紹介で受診した際、処方のうえで副作用がないのを確認し、薬の継続処方をお願いする診療情報提供書を付けていたのですが。もう一度、提供書をかかりつけ医に渡してもらうことにしました。

このような処方漏れや重複処方を避けるため受診の際に医療機関に見せるだけではなく、ぜひ、いつも持ち歩くようにしてください。というのは、この手帳があれば自分の状況を医師に伝えることができなくても、治療方針が早く決められることがあるからです。

お年寄りが意識を失った状態で救命救急センターに救急搬送されてくることがよくあります。そんなとき、「**おくすり手帳を持っていてくれたら、苦しい時間が少なくて済むのに**」と思ってしまいます。

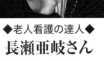

救急隊員から「おくすり手帳がありました」と伝えられることもあります。糖尿病の薬を飲んでいることが分かり、簡易検査で低血糖による昏睡だと診断されれば、ブドウ糖の点滴で、すぐに意識を回復します。

ながせ・あき。北海学園大卒。国立療養所西札幌病院付属看護学校を経て市立札幌病院で実務経験後、新潟県立看護大助教、大阪大学大学院助教などを歴任し、高齢者ケアの研究を行う高齢化が進んだ日本では、救急搬送の６割は高齢者です。搬送人数もこの20年で3倍に増え、年間３５０万人にも及びます。**外出の時はかばんに入れる。自宅で倒れた場合に備えて、帰宅したら玄関に置くなど救急隊員に渡るような工夫も必要です。**

かかりつけの病院名や服薬内容、緊急連絡先などを入れた「救急医療情報キット」を冷蔵庫に保管、そのことを記したステッカーを玄関の内側と冷蔵庫の扉に張っておくのもいいでしょう。

5種以上で転倒の危険倍増

認知症で要介護3、1人暮らしの80代男性が、転んで頭を打撲したことによる慢性硬膜下血腫の手術のため入院してきました。意味不明のことを言ったり暴れ出したりする「せん妄」の状態だったため、認知症ケアチームにいた私が相談を受けました。

薬を確認すると、「朝」「昼」「夕食後」「寝る前」の4回に分け、17種類34錠と、心筋梗塞治療薬の貼り付け剤1枚が処方されていました。しかも狭心症や痛み止め、胃薬、睡眠薬など重複した処方も多くて驚きました。「朝食後」「夕食後」「寝る前」だけのものもあれば、「3食後」「朝夕食後」など複雑です。1日1回の貼り付け剤が225枚も残っており、飲み切れていない残薬もたくさんありました。

薬が転倒につながるふらつき、せん妄の原因になっていないか、退院後の生活を見据え、必要な薬をしっかり飲めるよう減らせないか、病院内の多職種で検討。薬は10種類減の7種類、服薬も1日4回が2回になりました。その結果、せん妄はなくなり、歩行は補助具なし、下剤なしでも排便が可能になりました。

このような多剤服用による有害な事象の発生を、「ポリファーマシー」（ポリ＝多くの＋ファーマシー＝薬）と呼んでいます。厚生労働省が1カ月間に一つの薬局で受け取る薬剤数を調査したところ、75歳以上の41％が5種類以上、このうち25％は7種類以上でした。

高齢者が服用する薬の種類が増えると、有害事象の頻度が上がることが分かっています。転倒の発生について、4種類以下だと20％以下だったのに、5種類以上だと40％に倍増したという調査もあります。病院を何カ所も受診している方は特に、病院や薬局で、このままでいいのかを相談してみてください。

高齢者と薬②

熟睡感なくても睡眠薬不要 漫然と服用 ご用心

「よく眠れない」と訴えるお年寄りがかなりいます。「自分もそうだ」と思った方、自分の睡眠のことをあらためて見直してみてください。早い時間に寝てませんか？「夜中に目が覚めて、寝られなくなってしまう」という場合、夕食を食べて午後7時ごろには布団に入るということがよくあります。

若いうちは布団に入ればすぐ深い眠りになり、7時間くらいは眠れていますが、高齢者だと5時間くらいに減ります。だから7時に寝たら真夜中に起きてしまうのは、「途中で起きてしまう」のではなく、「朝の目覚め」なのです。

そんなときは「テレビでも見て、もっと遅くまで起きてましょうね」と勧めます。午後11時ごろに寝たら、朝の4時か5時に目が覚めても「早起き」くらいの感覚で済みますよね。

「眠れない」という方、昼寝しすぎてませんか？　昼寝は30分以内にしましょう。昼間に体を動かして疲れないと眠れないものです。散歩など軽い運動もしましょう。

「熟睡できない」と感じている方。その通りなんです。高齢になると、若いときと同じ時間眠っていても途切れがちで、浅い眠りでうとうとしている状態になります。だから尿意を感じると目覚めてトイレに行くなど、覚醒しやすくなります。

眠りが浅く、短くなるのは加齢のためで、身体が長時間の睡眠を求めていないのですから、薬を使ってまで、それ以上無理に眠る必要はありません。休んでいればいいと考えませんか。

ただ高齢者は、寝てはいるものの、「昔のようにぐっすり眠りたい」と求めるため、睡眠薬の処方につながっているようです。睡眠薬を飲んでいる人の2割が高齢者だという報告もあります。

睡眠薬 時間かけなくす

有料老人ホームに入居中の女性（85）が部屋から出たところで倒れ、そのままぐったりして起き上がれない、と訪問診療医に連絡が入りました。

往診すると、女性は夜中に目が覚めたため、自分の判断で睡眠薬を追加服用。朝になってもフラフラで、トイレに行こうとして転倒したことが分かりました。

この状況に睡眠薬服用の問題点が凝縮されています。今回は幸い、転倒しても骨折がありませんでしたが、高齢者の転倒は骨折→手術→認知症だとリハビリの意味が分からない→寝たきり――というリスクが高いのです。ぐったりして起き上がれないところまでいかなくても、朝食時でも薬が効いている状態だと、転倒の危険はもちろん、食事の際に誤嚥の危険性も高まります。

睡眠薬は作用時間や強さによりさまざまな種類があります。中枢神経の働きを抑制する①ベンゾジアゼピン受容体作動薬と、②非ベンゾジアゼピン系に大きく分かれます。

①は鎮静、催眠、筋弛緩、抗不安などの作用が強く、すぐに効果を現すものの、作用が残る特徴があります。転倒や依存性の問題もあります。②はそうした有害事象が弱く、筋弛緩や依存性も少なくなっています。

認知症を疑ってもの忘れ外来を受診する高齢者に、**睡眠薬を減らしただけで元気になる人がずいぶんいます。**入院時、高齢者が持参する睡眠薬で多いのは、①の中でも古くからある強い薬です。それは「高齢者への睡眠薬の使い方をあまり知らない」「長年使ってきたから」という医療機関側の問題です。

患者さん側の問題としては、複数の病院から睡眠薬の処方を受けて何回も飲んだり、「多い方が効く」と何錠も飲んだりということもあります。家族や友人間で、「どっちが効く？」と貸し借りするという話も聞きます。いずれも生活の質や生命の予後に悪影響がありますので、絶対にやめてください。

睡眠薬の種類と特徴

区分		効果のピーク	作用時間
非ベンゾジアゼピン系	超短時間作用型	1時間未満	2〜4時間
ベンゾジアゼピン系	超短時間作用型		
	短時間作用型	1〜3時間	6〜10時間
	中間作用型	1〜3時間	20〜24時間
	長時間作用型	3〜5時間	24時間以上

認知症疑い 減薬で改善も

80代の女性が朝食の時間になっても部屋から出てこないため、心配した家族が様子を見に行くと、起きて立ち上がっても真っすぐ歩けず、体に力が入らない状況でした。１１９番したところ脳梗塞が疑われ、脳神経外科に救急搬送されたそうです。

しかし、脳の状態を磁気共鳴画像装置（ＭＲＩ）で調べても異常がなく、そのうち女性も元気を取り戻しました。どんな薬を飲んでいるのか、脳外科医は家族が持ってきた「おくすり手帳」を確認したところ、精神科の病院から睡眠薬と不安を取り除く向精神薬のほか、それでも眠れなかったときのための頓服薬として別の睡眠薬も処方されていました。

脳外科医は、薬を減らすよう精神科医に調整してもらおうと、女性の状況を伝える手紙を書きました。しばらくして家族から、「80歳を過ぎたし認知症もあると思っていたけれど、薬を減らしたらすっかり元気になりました」と話があったそうです。睡眠薬が多すぎて薬の効果が抜けず、一日中ぼんやりした感じだったのが、認知症の初期のようにも見えたのでしょう。

アルツハイマー病など、脳の変成によって起こる認知症は、現在の医学で症状を遅らせる薬はあっても、治すことはできません。ただ、**認知症を疑うような症状があっても、薬が原因だったということも少なくありません。**薬を止めれば元の元気な状態に戻る「治る認知症」のようなケースはあります。

睡眠薬がかかわるのは、今回のような例のほか、フラフラして転び、頭を打って１、２カ月後に慢性硬膜下血腫になるような場合もあります。話しかけても反応が鈍いなど、症状から認知症と間違われることもありますが、この場合も血腫を取り除けば、すっかり元気になることが多いようです。

高齢の女性に多い骨粗しょう症の薬は高カルシウム血症に、高齢者に多い便秘で処方されやすいマグネシウム剤では高マグネシウム血症になることがあります。いずれも意識障害が出るので、ボーッとして認知症を疑われることがあるほか、ひどいときには意識を失ってしまいます。

かかりつけ医が「薬を減らしましょう」と言っても抵抗されるという話もよく聞きます。お守りのように漫然と薬を飲み続けるのは、年齢とともに害になる確率が高まるということも覚えておいてください。

POINT

◎ 朝、日光を浴びると夜、よく眠れる

朝食が日中のリズムの起点になる

✕ ソファーでうとうと、ベッドで昼寝…

昼寝は30分以内！
タイマーや目覚ましをかけるなどの対策を

◎ 散歩や体操をして身体を動かす

✕ 食後すぐ寝る

高齢者は睡眠時間が短いので、あまりの早寝は夜中に「朝の目覚め」となってしまう

高齢者と薬③

便秘薬 使用は慎重に 前立腺肥大「尿閉」に注意

「便秘」と聞くと、若い女性を思い浮かべる方が多いのでは？ でも、便秘は70歳以上で急激に増加します。80歳以上になると全体の10％に達し、女性より男性の方が多くなります。

便秘の薬は大きく分けて①大腸を動かす薬（刺激性下剤）と②便を軟らかくする薬があります。

①は腸を刺激して排せつを促すので、おなかがゴロゴロして痛くなることがあります。どうしても困って短期間使うものです。

②で、便秘薬を服用したことのない人でも処方しやすい薬として一般的なのが酸化マグネシウムです。浸透圧で腸内の水分を増やすことで便を軟らかくして、排便しやすくします。

「下痢止めください」と外来を受診した高齢者が普段飲んでいる薬を確認すると、酸化マグネシウムもあったというケースは少なくありません。**下痢をしても、まだ便秘薬を飲んでいたという笑えない実話です。**

お年寄りの薬は、飲み忘れをなくすため一包にまとめることもありますが、どれが便秘薬か分かるようにしてもらった方がいいと思います。

さらに気をつけたいのが服用量です。必ず医師の指示通りにしてください。「増やしてもいい」と説明を受けたら、何錠までなのかを確認してください。

高齢者は薬を排せつする腎臓の機能が低下しているため、便秘薬であっても薬を増やすのは生命の危険につながることがあります。

高齢者が便秘になるのは、加齢で食事や水分の摂取量が減り、腸の動きや腹筋の力が低下、体の活動量も少なくなっているからです。睡眠薬や風邪薬の副作用で腸の動きが弱まって、便秘するケースもあります。

自分の便を確認してみてください。表面が滑らかで柔らかいソーセージ状が理想です。硬い便の方、水分、偏りのない食事をしっかりとっていますか？　運動不足ではありませんか？

　年をとると、夜中のおしっこが嫌で水分をとらないようにする方もいますが、便秘だけではなく脱水にもつながります。新型コロナウイルス感染を避け、自宅で過ごす時間が長くなっている方が多いと思いますが、運動不足は便秘にもつながるので、適度な運動を取り入れてください。

　朝ごはんを食べると便秘になりにくいと言われます。胃に食べ物が入ると腸が刺激されます。排便習慣をつけるため、食後、トイレに行くようにしては。トイレに座るとき、排便しやすいのは前かがみの姿勢です。

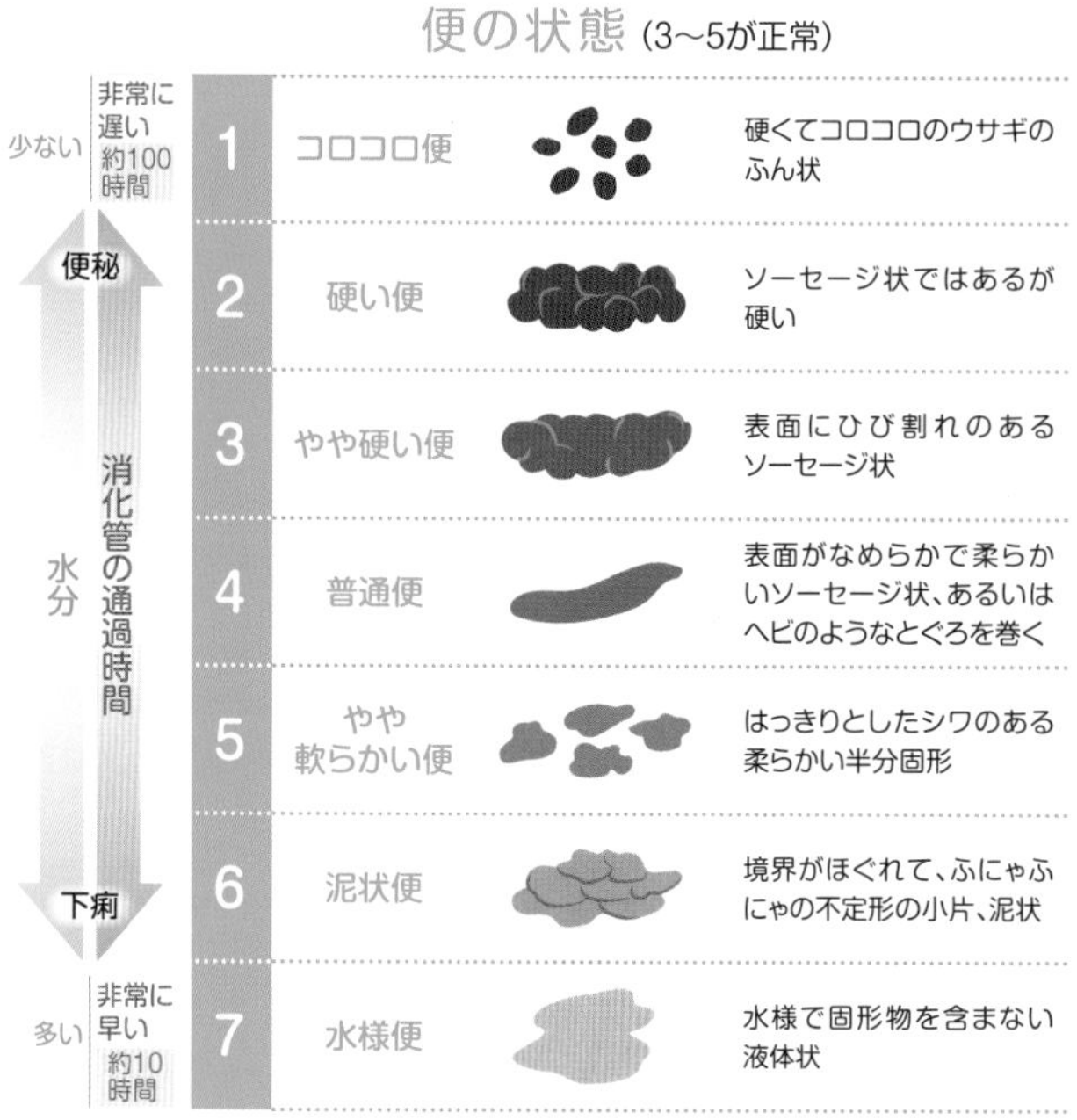

便の状態（3〜5が正常）

少ない 非常に遅い約100時間	1	コロコロ便	硬くてコロコロのウサギのふん状
便秘	2	硬い便	ソーセージ状ではあるが硬い
消化管の通過時間	3	やや硬い便	表面にひび割れのあるソーセージ状
水分	4	普通便	表面がなめらかで柔らかいソーセージ状、あるいはヘビのようなとぐろを巻く
	5	やや軟らかい便	はっきりとしたシワのある柔らかい半分固形
下痢	6	泥状便	境界がほぐれて、ふにゃふにゃの不定形の小片、泥状
多い 非常に早い約10時間	7	水様便	水様で固形物を含まない液体状

ロダンのブロンズ像「考える人」のように前かがみになる
足先は床につけてかかとを少し上げる

　排便の間隔は便秘かどうかを判断する一つの目安ですが、個人差があります。十分な量が出て生活に支障がなければ、必ずしも便秘ととらえる必要はありません。週2回以下なら医師に相談するのもいいでしょう。

一部風邪薬の作用引き金

　腹痛を訴える80代の男性が救急搬送されてきました。「おしっこが出ない」と叫んでいて、前立腺肥大症の影響が考えられました。下腹部が膨らみ、エコー検査でも尿がたまっているのが明らかでした。

　尿道からカテーテルを入れて導尿したところ、あっという間に1リットルも出てきました。その4分の1くらいで、「おしっこしたいな」と思うのですから、もう限界を超えるくらいたまっていたということです。

一段落してから、「最近、新しく薬を飲みましたか」と聞いても首をひねります。「風邪でもひいてませんか？」と聞くと、「そういえば風邪気味で妻の薬をもらって飲んだ」とのことでした。

男性は前立腺肥大症でした。尿道が狭くなり尿が出しにくい状態のところに、風邪薬の影響で膀胱の収縮が抑えられ、尿が全く押し出せない「尿閉」の状態になったようです。

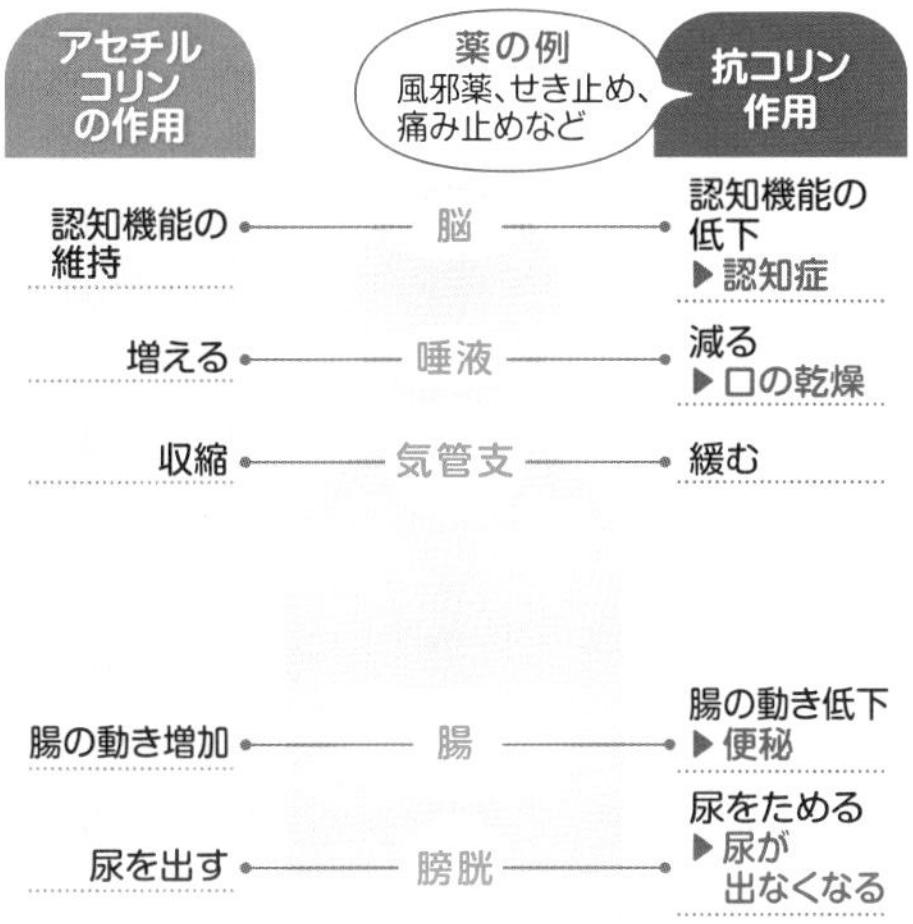

男性の前立腺肥大は加齢とともに増え、50歳で30％、60歳で60％、70歳で80％、80歳で90％に見られます。その4分の1は治療が必要だと言われています。

風邪薬を飲んで、眠くなった経験はありませんか？　これは、本来の鼻水などを止める作用とは異なる副作用です。前立腺肥大の高齢者が風邪薬を飲んで尿閉になるのも、同様に副作用です。

排尿するための膀胱収縮を促すのは神経伝達物質「アセチルコリン」です。風邪薬の中で、アセチルコリンの働きをブロックする「抗コリン作用」を持つものを飲むと、尿閉につながることがあるのです。

前立腺肥大症の場合、トイレが近くなる「頻尿」の併発により、膀胱の活動を抑える抗コリン作用薬を処方することも多いため、風邪薬の服用が最後の引き金になって尿閉してしまうケースもあります。

こうした抗コリン作用のある薬は、風邪薬だけではなくせき止めや抗アレルギー、痛み止めなどの薬にも入っていることがあります。アセチルコリンの働きは脳や唾液、腸の動き、眼圧などにも影響するため、抗コリン作用によって認知機能の低下や口の乾燥、便秘になることもあります。

こうした症状があるときは、抗コリン作用が関係しているかもしれないので、医師に相談してください。花粉症のアレルギー薬や風邪薬をドラッグストアで購入するときも気をつけてください。前立腺肥大症の男性は、簡単に市販薬や他人の薬を服用せず、医師に相談した方が良いでしょう。

痛み止め多用 副作用に注意

膝や腰などの痛み、肩こり……。年をとると体のあちこちに痛みが出やすくなりますが、軽い気持ちで「痛み止めでも飲んでおこうか」となっていませんか？

市販薬もあるし、病院でも簡単に処方されることの多い痛み止めには、副作用もあるので気をつけましょう。

特に高齢者にとっては、薬を排泄する役割のある腎臓の能力が加齢に伴って衰えるので、薬が体に蓄積しやすく、効果も強くなることが背景にあります。

高齢者の腎機能は、若い頃の半分だと思っていていいでしょう。腎機能が10％以下になると必要になる透析も、60歳以上が7割を占めます。

訪問看護先の要介護1の女性宅に行き、最近の様子を聞くと、「元気なんだけど、血を吐いちゃって」と言います。胃潰瘍の既往歴もなく、血圧も脈拍も問題ありませんでした。

「最近、病院に行きましたか」と尋ねると、「膝が痛くて、整形外科で痛み止めをもらったから、毎日ちゃんと飲んでるよ」とのこと。聞けば飲み始めて1週間、毎食後の処方で胃薬と一緒に飲むことになっているのに、「食欲ないから」と食べずに飲んだり、「胃は丈夫だから」と胃薬は飲まなかったりしていたそう。

ごみ箱に血だらけのティッシュがたくさん捨てられているのをたまたま見つけたので、その場から救急搬送を手配。病院の診断は出血性胃潰瘍でした。

鎮痛薬で痛みが取れても、副作用が消化器の粘膜に生じ、潰瘍になってしまうことがあります。粘膜を保護する胃薬と一緒に服用しても数日で腹痛や胃潰瘍を発症する方もいるのです。

胃潰瘍の既往歴がある方は受診の際、そのことをしっかり医師に伝え、副作用の少ない薬にしてもらうよう気をつけましょう。

ただ処方する側にも問題があります。高齢になると、腎機能の低下で薬の効きが強くなるうえ、高血圧や糖尿病を患うなどして既に腎機能障害がある方も少なくありません。さらに鎮痛薬自体に腎機能を低下させる副作用があるものもあります。

だから高齢者に鎮痛薬を処方する場合、若い人なら1日3回のところを2回にしたり、1回の分量を減らしたり、痛いときだけ飲むよう指示したりなど、配慮が必要です。もちろん食後に胃薬と一緒にです。

高齢者と薬④

漢方にも副作用
コロナ禍の体調管理にも注意

「漢方は害がないから大丈夫」と思い込んでいませんか?

血圧が高くて、かかりつけ医に通院している70代の男性が、「最近、むくみが気になる」と心配そうです。血液検査をするとカリウムの数値が低かったので、医師が「処方薬以外になにか服用してますか?」と聞くと、「ふくらはぎが夜中、つることがあるから漢方薬局で勧められた薬を飲み続けている」とのことでした。

医師は「副作用が100%ない薬はないからね。善かれと思って飲んでる漢方薬が逆に体調を悪くしてるかもしれないから、やめてごらん」とアドバイス。次回の受診で男性は「すっかり良くなりました」と喜んでいました。

本来、東洋医学では「養生」が基本です。漢方薬は鍼灸とセットで短期間用いられ、長期服用するものではなかったようです。漢方薬も飲み続けると害があることを知っておいてください。

高齢者によく処方されている漢方の成分で、特に気をつけなければいけないものがいくつかあります。

一番有名なのは甘草です。漢方薬エキス製剤の7割に含まれ、むくみや高血圧、低カリウム血症などの副作用があるといわれています。

低カリウム血症は、手足の力が抜けたり、弱くなったり、便秘、むくみ、生死にかかわる不整脈にもつながることがあります。漢方の影響で、むくみが出ているのに、医師がその服用を知らなければ、むくみ解消のため利尿剤が処方され、さらに低カリウム血症が進行する悪循環に陥ります。

さらにカリウム不足を補うための薬も処方され、どんどん薬が増えてしまいます。結局、漢方をやめたら全ての薬を中止できたということも現実に起きています。

漢方薬と西洋薬との併用についての研究はあまりされていないようです。漢方薬自体が1種類であっても、西洋薬と合わせると多剤であることから、予想外の影響が起きる可能性があります。

大切なのは、西洋薬にしても漢方薬にしても、**長期服用している薬は本当に効いているのかを気にすることです。**

自己判断で服用やめ悪化も

96歳の男性が「呼吸が苦しい」と訴えて救急搬送されてきました。いつも服用していた糖尿病とぜんそくの薬を、「ちょっと体調が悪いのは薬のせいかも」と思い、やめていたそうです。

医師から「なんで薬やめたの」と怒られると、「1人暮らしだから誰にも相談できないし、忙しい病院に行くのも申し訳なくて」と言ってました。

新型コロナウイルスの感染拡大で、外来を受診する患者さんが激減しました。高齢ではありますが普段は元気に暮らしていたこの男性も、これまでなら調子が悪ければ病院を受診していたはずです。

薬を飲んだ後、よほどしんどかったのだと思います。でも、コロナの影響で持病の通院すら控えるようになっていたから、薬をやめて様子を見ていたようです。

みなさん、**慢性疾患の内服薬をちゃんと飲み続けていますか？** 感染を恐れて病院に足が向かないなら、受診しなくても薬だけもらうこともできます。電話診療に対応する病院も増えています。

自宅にいる時間が増え、活動性が下がることで高血圧の薬が効きすぎてしまうなど、コロナの影響で思いがけない薬の弊害が出てしまう例もあります。

薬だけではなく、散歩に出て転倒し、救急搬送されてくる高齢者が増えています。コロナが怖くてデイサービスやリハビリ通院を中止し、不要不急の外出を避けて家に居たため、筋力が低下してしまったようです。

感染拡大の長期化で、体だけではなく、心も疲れていませんか？　友達にも、子や孫にも、きょうだいにも会えない方もいらっしゃるでしょう。

不安になったり、イライラしたりは当たり前のことです。今、必要なのは心を安らかに、ストレスをゆっくりと受け入れながら、そのストレスを日々、流していくことです。

POINT

漢方薬なら害なく安心?

副作用の例

手足に
力が入らない
不整脈
便秘
むくみ

長瀬さんからのメッセージ
クスリはリスク
処方通りに服用していますか?
飲み忘れ、飲み残しがあったら医師に相談を
高齢になると薬が効きすぎることがあります
多剤服用は有害の可能性あり
睡眠薬の前にまずは生活の見直しを
睡眠時間は5〜6時間。昼寝は30分以内で
おくすり手帳は常に携帯を!
救急や災害時にも役立ちます

高齢になると薬が原因で、体がふらついたり、調子が悪くなったりすることもありますが、本当に必要な薬は正しく服用することが大切です

専門看護師オンライン座談会

コロナ下の高齢者医療・介護現場は今

コロナ禍が続く中、高齢者の医療や介護の現場はどのようになっているのか。北海道医療大の山田律子教授の司会で、道内外の病院や介護施設で働く老人看護専門看護師4人に、現場の課題や薬の飲み方の注意点などをオンライン会議で語り合ってもらった。

出席者／山田律子さん（北海道医療大・大学院教授）、**山下いずみさん**（江別市立病院教育担当看護師長）、**中川真奈美さん**（介護老人保健施設あつべつ＝札幌市＝副施設長）、**長瀬亜岐さん**（大阪大大学院助教）、**三浦直子さん**（札幌西円山病院看護部副看護部長）

※肩書きは2020年5月の掲載時

水飲まず 脱水で入院

山下　外出を控えるようになったのが、いろいろな弊害を生み、脱水で入院する高齢者が続出しています。介護保険サービスでデイサービスに通っていたのに行かなくなって、水分をとらなくなってしまうからです。便秘にもなってしまいます。

普通に食事ができるなら、それ以外の飲み水で1・2リットルを目安にするのが一般的です。介護を担う家族に伝えると、「そんなに必要だとは思ってなかった」と言われたこともあります。

病棟も面会ができないので、入院している高齢者の中には会えなくて寂しくて、食欲をなくしてしまう患者さんもいます。でも、医師に食欲が落ちていると伝えると、食欲増進の薬が出ます。本当の原因は寂しさなのですが。

アルツハイマー型認知症の方の家族から、「穏やかだった人が急に怒り出すようになって……」と相談されました。ストレスから興奮状態になってしまうようです。在宅介護で困っている方がたくさんいるんだと思います。

病院内外 差別の顔

長瀬　82歳の男性が糖尿病外来に「怖くて仕方ない」と言って入ってきました。聞けば関西なので地元のオムロンの元社長が亡くなって、「死に直結する」という思いが強くなったようです。

通院にはバスを使うため、手すりを直接触らないようにはいたビニール手袋を着いたら捨てて、帰りは新しいものを使うそう。病院に行くのが恐怖なんです。そんなふうに新型コロナウイルスが日々の暮らしに影響しているのを目の当たりにするようになりました。

日本赤十字社が「新型コロナウイルスの三つの顔を知ろう」とホームページで呼びかけています。この感染症には第一に「病気」、第二に「不安」、第三に「差別」という顔があり、負の連鎖でさらなる感染拡大につながっているというわけです。

医療者やその家族に対する差別もあれば、同じ病院内でも感染者にかかわる医療者が「そばに寄らないで」と言われることもあります。医療者のメンタルヘルスも大切だと感じています。

運動不足 進む認知症

中川 通所リハビリではたくさん人が集まるので、「感染するのでは」と利用を休止している方もいます。体調管理ができなくなったり、活動性が下がって虚弱が進むことも考えられるので、電話で本人と話したり、家族が介護疲れになっていないか確認したり、家庭でもできる運動のパンフレットを作って郵送したりして連絡をとっています。

休業する事業所もありますが、利用していた人が引きこもって運動しないと身体機能が低下、人との交流が減ることで脳も機能低下しやすくなり、認知症の進行も考えられます。

私のところはスタッフで話し合い、感染対策をしっかりしていることを利用者や家族に説明して、安心感を持って継続してもらえるようアピールしています。３密（密閉、密集、密接）を完全に防ぐのは難しいが、利用者自身で検温、問診票に記入、理解しながらどういう予防行動がとれるかを考えてもらうなど、自立心を促すいい効果が出ていると思っています。

行き場ない家族 心配

三浦 入院の受け入れをストップする病院が慢性期では増えてきています。勤務先は院内で議論して意思統一し、コロナを否定できれば、肺炎であっても受け入れるのが地域における役割だということになりました。肺炎ではない入院依頼も、これまで通りにしています。

ただ、家族の面会ストップが長期に及び、家族のことも心配です。病院に来るのを日課、生きがいとしてきた高齢配偶者の行き場が失われていることに危機感を抱きます。家族の安全にも配慮しながらケアを継続するため、看護師が家族に電話を入れて報告する動きを始めています。

独居の方が出歩かなくなったことによって、病気が悪化して発見されて病院に運ばれ、その後、慢性期病院で引き取ってもらえないかという依頼が増えています。

家の中の生活になったのに同じ量の薬を飲み続けることでふらついて倒れ、骨折するような例があるように思います。暮らしの変化に合わせて、内服内容も検討する必要を感じます。

ストレスで暴力

山田　感染拡大の影響で高齢者の暮らしに変化はありますか。

長瀬　週3回のデイサービスでマージャンをするのが楽しみだった認知症の男性が、マージャン牌からの感染が怖くて行かなくなってストレスがたまり、奥さんに暴力を振るうようになり、骨折させました。ほんの少しのことで、生活が崩れてしまうのを目の当たりにします。

山田　楽しみが奪われている中、代わりになるものも見つけないと。広いところで散歩するのはＯＫなので、むしろいい空気を吸って活動量を増やせばストレスが発散できます。デイサービスを休んでいる人は、そういう時間を持たないと本人も家族も参ってしまいます。

息子宅で元気に

長瀬　逆に「デイサービスを休んで元気になりました」という話も聞きました。認知症でデイサービスに行く以外は自宅でほとんど寝ていた方で、在宅勤務になった息子さんが自分のところに連れてきて、座る時間を増やすことで、お尻の床ずれも良くなったそうです。でも、今度は座位の床ずれを起こす可能性もあるという知識は持ち合わせていませんでした。善かれと思ってやっていることが害になってしまわないよう、そうした方々の生活を予防的に守る観点でかかわる必要を感じます。

座談会の参加者とそれぞれの思い

北海道医療大・大学院教授
山田律子さん
「最新の知識を得ている老人看護専門看護師だからこそ、できることがあります」

江別市立病院教育担当看護師長
山下いずみさん
「痛いと言わないから痛みがないと解釈するのではなく、痛いと言われなくても苦痛を考え、生活をきちんと見るかかわり方をしたい」

大阪大大学院助教
長瀬亜岐さん
「患者さんの怒りや不安をちゃんと見てあげるケア、本人にとっての安心、安楽を追求していくことを大切にしています」

介護老人保健施設あつべつ（札幌市）副施設長
中川真奈美さん
「高齢者ケアの充実には病院との連携が一つの鍵。高齢者の自立と尊厳を大切に過不足のない医療とケアが提供できるよう、老健チームで取り組んでいます」

札幌西円山病院看護部副看護部長
三浦直子さん
「看護者自身が困っている段階で考える傾向があるので、必ず『誰が困っているの?』と聞き返すことで、患者さんに目を向けてもらえるようにしています」

中川 高齢者は生活パターンの変化やストレスによって、体調に異変を起こしやすくなっています。活動性が下がることで高血圧の薬が効きすぎて低血圧になるなど、慢性疾患が悪化してしまうこともあります。病院になかなか行けない現状の中、薬剤調整をしなくても済むような予防的な体調管理も、居宅のケアマネジャーや訪問看護に求められています。

変化見逃さない

山田 ちょっとした変化を見逃さないことが大切ですね。

三浦 面会ストップが長期に及んでいて、病院に来るのが生きがいになっている家族のことも心配です。

山下 会えないので、毎日手紙を持ってくる方もいます。

山田 顔が見られて、声が聞こえるだけでも違うので、テレビ電話とか、今の時代だからこその工夫ができそうです。

長瀬 コロナで認知症の方が入院したら、私たちが部屋に入るとき、ガウンを着て、マスクとフェースシールドをして部屋に入ると思うのです。それに対する恐怖感、違和感、不安感を考えると、どんなケアを取り入れたらいいのか考えてしまいます。

山下 自分たちの身を守るために防護服は必要ですが、視線を合わせるとか優しく声をかけるとか、徹底してこういうふうにしようねとは話し合っています。なんの人が来たのかと驚かれても、安心できる相手だと分かれば落ち着いてもらえるのでは。そのまま処置するだけだと、興奮してしまうと思います。

山田 最初はびっくりするかもしれませんが、伝わっていくものがありますよね。認知症の人は認識に時間がかかるから、いかにストレスを増やさないかということは、防護服のありなしにかかわらず大切なことです。

病院受診減 認知症悪化も

長瀬 96歳の独居の方が救急外来に運ばれてきました。元気に1人で暮らし、調子が悪ければ病院に行っていた生活が、コロナの影響で病院に行かなくなり、ちょっとした体調の悪化は薬のせいかもと思い、糖尿病の薬をやめていたそうです。

山下 私の担当する認知症看護相談外来には来るけれど、病院受診は避けている認知症で糖尿病の方は、本人も家族も高血糖になることを恐れるあまり、逆に低血糖になりすぎて認知機能障害が進んでいました。糖尿病の主治医に伝え、薬や食事の見直しをしてもらいました。

山田　高齢者は腎臓機能が低下しているので、薬の有害事象が起きやすくなっています。そこにちょっとした変化が加わると負の連鎖に陥ってしまいます。

山下　病院に行かないで電話診療という方も増えていますが、高齢者は自分の体調をうまく医師に伝えられなかったり、遠慮して本心が言えなかったりします。定期的に看護師からも連絡して、医師と薬剤の調整をしなければならないと感じています。

不安の原因探る

三浦　緩和ケアで慢性疼痛《とうつう》（長期間続く痛み）がコントロールできなくて、不安症状が出ることもあります。それに対し、鬱の診断で薬が出され、ふらつきや目まいが出てしまう悪循環のケースがあります。すぐ薬に頼ろうとする現実はありますが、その人がなぜ不安を訴えるのか、看護師として原因を探って介入するというところに入っていく必要があります。

中川　施設入所の際、かかりつけ医の処方のまま薬を飲んでいると、血圧や血糖値が低くなりすぎることもあります。自宅では指示通りに飲んでいないのに、老健できちんと服用した結果です。だから入所して1カ月は本当に必要か、減らすことができるか、かなり慎重に見ています。

山田　自宅で不摂生な状態で処方してもらっているから、規則正しい生活で効き過ぎるという面もありますね。

職員にも安心を

中川　施設入所の新規受け入れの際、「こんな時期なのに？」という声が職場で上がったことがあります。そういうスタッフの不安を取り除くため、入所の数日前から本人や家族に検温や問診票の記入などをお願いし、安心して受け入れられるようにしました。「もしかしたら感染しているかもしれない」という前提で、「これなら大丈夫」となって受け入れ、職員のこと、在宅でギリギリの生活をしていて入所したい方との折り合いをつけていきたい。

山田　全ての人が安心できる調整は難しいことですが、不安や恐怖、漠然として分からないものを特定し、チームとして取り組んでいくのは大切なことです。病気そのものだけではなく、不安や恐れ、そして偏見や差別につながる負の連鎖が、さらなる病気の拡散につながる懸念を日本赤十字社がホームページに載せています。

特別編

コロナ禍中の看取り介護日記

面会禁止の施設で終末期を迎えた妻を、延命治療をしない看取りのため2020年春、自宅に引き取り、介護している男性がいる。新型コロナウイルスの感染拡大によって、高齢者の入る施設や病院は面会制限が続く中、もどかしい思いをしている家族が多い。「死に目に会えるのか」という切実な声も耳にする。妻の入居するグループホームに会いに行くのが日課だった男性が、「最期の時は添い寝して迎えたい」と決断、自宅で一緒に暮らす日々を追った。

1

「大きな変化は3月23日、看取りが近くなった妻を、自宅に連れ帰ったことです」――。

札幌市豊平区の時政《ときまさ》新《あらた》さん（83）が2020年6月1日、北海道認知症の人を支える家族の会が開いた家族介護者の「つどい」で、自宅で妻の幸子さん（87）を2年半ぶりに介護するようになった近況を報告した。

「当初は1週間から10日間くらいと思っていましたが、70日になりました」

「食べたい意思を示すようになり、グループホームにいたときの2～3倍は食べています」

幸子さんはレビー小体型認知症で要介護5。11年に診断を受けたが、翌年、80歳の12月までは40年来続けたペン習字の講師を務めることができていた。しかし15年には要介護3の認定を受け、認知症の悪化で17年秋、

時政さん夫妻の介護の経緯

2011年	レビー小体型認知症と診断
12年	80歳の12月までペン習字を教えていた
15年	初めての介護認定。要介護3
16年 1月	長年続けているカレンダー市のボランティアで、かでる2・7を訪れた際、北海道認知症の人を支える家族の会の「つどい」を知って夫婦で参加
17年10月	認知症の悪化で病院に入院
18年 8月	グループホームに入居
19年11月	家族の会が主催する「看取りでの体験を語る会」で新さんは自然な看取りを決意
12月	新さんは妻の体調から「そろそろ終末期かな」と思うように
20年 1月	ホーム内で発熱患者が出たため幸子さんは外泊できず、自宅で過ごさせてあげられない正月に
3月23日	グループホームから自宅に引き取る。看取りまで1週間から10日間と覚悟
5月 4日	見せたかった庭の桜が満開に
6月 1日	家族の会のつどいで看取り介護の日々を発表

病院に入院、18年夏からはグループホームで暮らしていた。

時政さんは幸子さんに面会し、歩くリハビリの補助と食事介助をするのが日課だったが、新型コロナウイルスの感染拡大で面会禁止となり、2月25日以降は会えない日々だった。元気だったころ43キロあった体重は27キロまで落ちていた。

食べられれば

延命治療をしない自然な看取りをする場合、食べられなくなり、水分もとれなくなると、その時期が近づいたとみなされる。3月半ば、グループホームから連絡が入り、時政さんは引き取る日を決めた。

数多くの在宅看取りに立ち会ってきた札幌市内の医師は「一般的には亡くなるまで、長くて2週間くらい。ただ、がんなど病気の終末期と違い、老衰の場合は食べられるようになると、まれに半年、1年となる方もいます」と説明。「実際、家族と住み慣れた自宅の効用を何度も目の当たりにしています。先日も『いよいよ』と面会できない病院から引き取った翌日には少しですがカレーライス、その次の日にはすしを食べた方がいました」と話す。

食事介助をする時政新さんが「おいしい？」と聞くと、妻の幸子さんがうなずいた。初夏のさわやかな風の入る自宅で穏やかな日々が続く

「覚悟して引き取った」という時政さんだが、幸子さんを自宅に迎えるまでには、心が揺れたこともあった。

2

「妻とは元気なうちから互いに延命治療はやめようと話していたのですが、昨年の10月ごろ妻が歩けなくなり、『いよいよ近くなってきたんだな』と思ったら、その気持ちを貫けるのか、迷いもありました」――。

そんな時政さんが、あらためて「自然に命を終わらせてあげたい」と決意したのは、19年11月15日のことだった。北海道認知症の人を支える家族の会が年1回開いている「看取りでの経験を語る会」で、穏やかな最期を迎える老衰死の実例を聞いたからだった。

札幌市白石区のグループホー

ム福寿荘総合施設長の武田純子さん(71)は「看取るということ」と題して講演。これまでに80人以上をホームで看取ってきた経験から、京都市内で長く「自分の死を考えるつどい」を主宰してきた医師の中村仁一さんの「自然死のすすめ」に説得力があるとして披露した。

「食べないから死ぬのではなく、『死が近い』から食べられない。枯れて死ぬのが一番、自然で穏やか。そうした自然死は餓死だが、腹も減らないし喉も渇かない。脳内にモルヒネ様の物質が分泌されていい気持ちになり、意識レベルが下がって、ぼんやりとした状態になる。そんなまどろみの中で、心地よくこの世からあの世へ移行する。お年寄りの老衰死には、このような特権がある」

最期は自宅で

時政さんは帰宅後、インターネットで中村医師のことを調べ、講演する動画も見て納得した。「やっぱり延命治療はしない」

時政さんは、あらかじめグループホームの管理者や主治医と、延命治療はしない申し合わせをしていた。ただ、幸子さんが入居していたホームからは、看取りに対応していないとも言われたため、最期は自宅に引き取ることを考えていた。

家族の会事務局長の西村敏子さん(72)は、自身も自宅で介護していた義父を看取った経験があり、時政さんが介護者の「つどい」に参加して以来、4年半にわたって話を聞いてきた。

「在宅介護を続けて自宅で看取るということはありますが、いったん入った施設から最期の段階で自宅に引き取るというのは難しい決断です。介護者が体調を崩すなど、なにかあったときに施設に戻れるというような保証でもないと……」と容易ではない事情を説く。

14年の厚生労働白書でも、「死を迎えたい場所」の50%を占める自宅が、「実際に死ぬ場所」では13%にとどまる。逆に18%しか望んでいない病院死が、実際には80%に達する現実が示されている。

時政さんは毎日の面会で、食事介助など夕方の2時間を幸子さんと一緒に過ごすうち、19年末から食がいっそう細くなった様子を見て、自宅で看取るための万全な態勢を周囲に相談し始める。

3

「3月23日　介護タクシーで自

宅に着いてベッドに寝せて呼びかけると、口パクでハーイと返事。水分をとらせたりするも、ほとんどウツラウツラで飲み食いしない。疲れた様子で少し心配。このまま食べられなくなるのか？」――。

時政さんの日記帳には、妻幸子さんを介護する日々の出来事が克明に記されている。

入居していたグループホームで終末期の症状となり、看取りのため自宅に戻った幸子さんは弱り切っていたが、1週間ほどすると食欲が戻ってきた。

この介護を支えているのは時政さんに加え、同居する長女の佳奈さん（56）、札幌市南区から週4回通ってきてくれている時政さんの実妹（82）の家族力はもちろんだが、プロの介護支援チームの存在が大きい。

時政さんは今年に入って地元の地域包括支援センターに相談してみた。そこで紹介されたのが、主任介護支援専門員（ケアマネジャー）で、看護師歴も半世紀近い経験豊富な斉藤潤子さん（69）だった。

斉藤さんは、自宅で看取りたいという時政さんの意をくんで打ち合わせを重ね、面会禁止になるギリギリのタイミングで幸子さんとも面談できた。

その結果、毎日朝と夜に30分間、ヘルパーがオムツ交換や着替え、口腔ケアなどの身体介護、昼時は月水金が訪問看護師による体調の確認、排便コントロールなど、火木土がヘルパーというシフトを組んだ。居間とつながる和室にレンタルの介護ベッドを置き、医師にも月2回の訪問診療を手配した。日曜の昼時を除けば、朝昼晩にプロの手助けが入る仕組みだ。

斉藤さんは「家族が疲れてしまうと介護は続けられません。適度な余裕が必要なので、介護保険を十分使い、家族は絶対に無理をしないことが大切」と説く。そのため時政さんの体力、佳奈さんの仕事も考えて、ギリギリのタイミングで引き取ることになった。

看取りまで1カ月という想定で始めたが、グループホームで面談した頃、「顔の表情もなく、そろそろだとは感じた」ほどの幸子さんが自宅で、いい表情に変わった。斉藤さんは「時政さんだけなら難しかったと思いますが、家族の関係性も良く、協力態勢がしっかりしていた」と振り返る。

自宅で入浴も

時政さんも「いい出会いに恵まれました。私はそばにいて、食事介助や話しかけることくらいしかしていません。いろいろな人の手を借りて感謝の毎日です。介護保険の仕組みなしにはできなかった」と話す。

　予想を超え体調が良くなった幸子さんのため、6月からは新しいケアプランになった。2週間に1回の訪問入浴が加わったのだ。

　6月4日、初めての訪問入浴は、幸子さんにとって自宅に戻って初めてなのはもちろん、本当に久しぶりの浴槽だった。

　佳奈さんは会員制交流サイトのフェイスブックに投稿した。「帰ってきて母の顔を見たら、なんか色白になってました。ありがたい〜」

幸子さんの介護を支える態勢

時政さん	食事介助、夜間は介護ベッドの隣に布団を敷き、幸子さんの様子を確認しながら寝る
佳奈さん	週3日の日中を中心に
実妹	週4日の日中

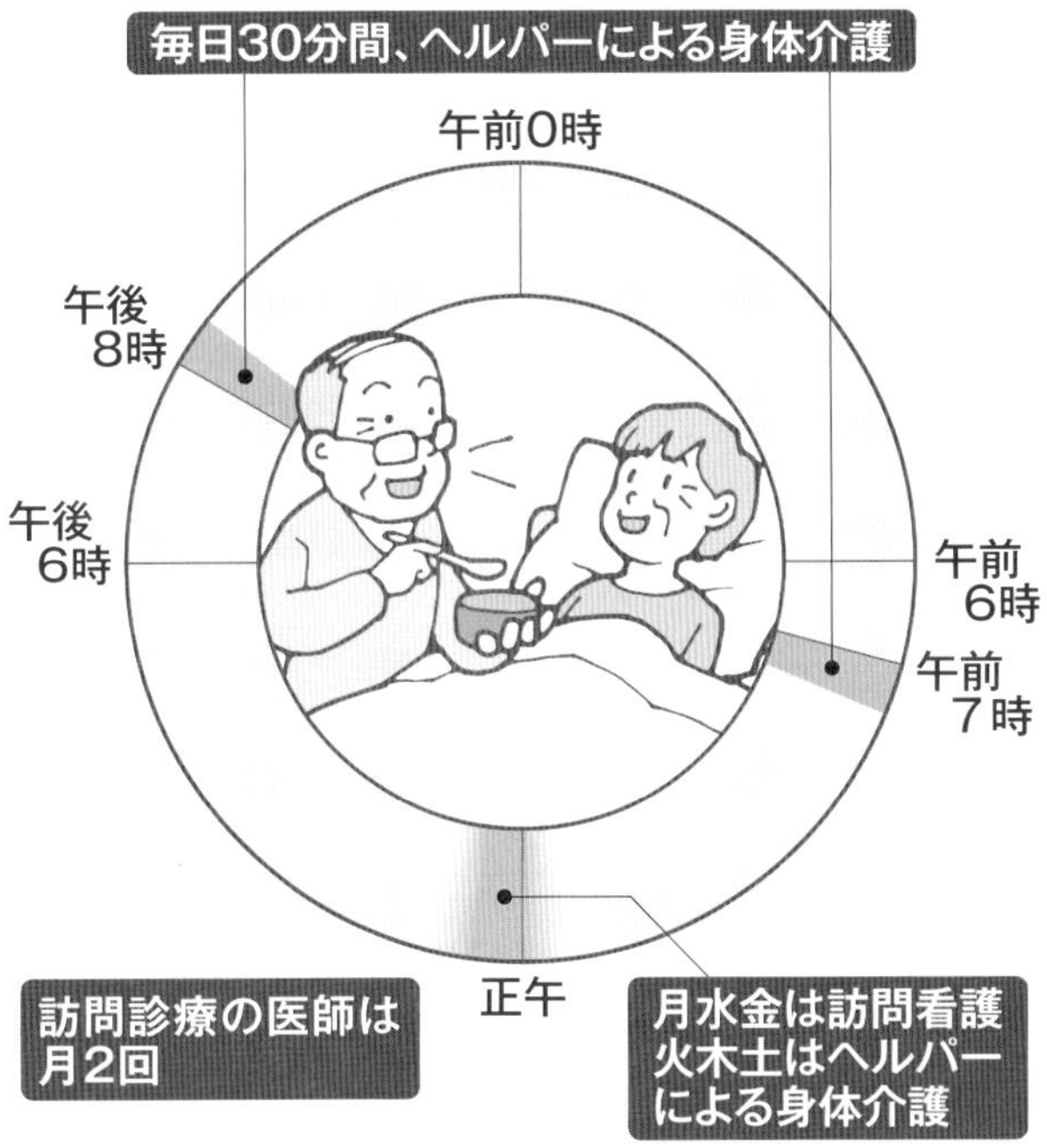

4

「無理かなと思いながらも、庭の桜が満開になるところを見せるのが目標でした」——。

　時政さんは3月23日、グループホームから妻の幸子さんを自宅に引き取った当初、看取りまで1週間から10日間だと覚悟していた。しかし、ちょうどその時期が過ぎたころから幸子さんの食欲が復活した。

「桜の開花まで持ちこたえるかもしれない」。願いが現実味を帯び、期待が高まってきた。この桜は夫婦で道南の渡島管内松前町に旅行した35年近く前、苗木を購入してきて植えたもの。幹の直径は50センチにもなり、家族で毎年、花見を楽しんできた思い出の木だ。

「4月18日　父は『お別れが近づいてきた』と言って、庭から桜

の枝を切ってきた」（同居する長女佳奈さんの介護日記から）

まずは花瓶に生けて咲かせた桜を見せてあげた。

「5月4日　サクラ満開」（時政さんの日記帳から）

願いはかなった。この間、平穏な日々ばかりだったわけではない。幸子さんの体調が悪化して、父と娘が交代で1時間おきに起きて様子を見た夜もあった。血圧が低下して医師の往診を受けたこともあった。

活力取り戻す

週4日、介護を手伝いに南区から車で通う時政さんの実妹は「桜が咲いたころから、リンゴやバナナもすり下ろしではなく刻んだものをかんで食べるようになりました。自宅の空気を吸って、おいしいと思って食べるのがいいのでしょうね」と振り返る。

目標が達成できるたび、新たな目標を設定するようになった。5月は10日の母の日、20日の結婚記念日、23日の帰宅2カ月……。その都度、父と娘はワインを開け、幸子さんの唇にもつけてあげて祝ってきた。

次の目標は6月30日の帰宅100日目。米寿を迎える8月の誕生日も視野に入ってきた。6月に入って訪問診療医からは「このままの調子なら年越しが可能かもしれない」と言われた。

佳奈さんは言う。「自宅に戻ったばかりのころ、朝起きると『息をしてるかな』と見たり、寝るときは『明日の朝は生きてるかな。これが生きてる母を見る最後かな』と思ったりでした。認知症が始まったばかりのころ、母はよく『おかあさん、ばかだね。ごめん』と泣いていました。私も分からなくてつらく当たったことがあり、後悔することがたくさんです。今は骨だらけの体をぎゅっと抱きしめていてあげたい」

教え子に笑顔

6月9日、幸子さんがペン習字を教え始めたころの教え子で、家族ぐるみの付き合いの続く札幌市内の女性（54）が見舞いに訪れた。教え子がたくさん話しかけると、幸子さんはポツリと名前を呼んだ。

時政さんは「幸子は俺のそばから離れたくなくて頑張ってい

2020年5月初め、満開を迎えたころの桜

るんだ。ほれられて結婚したからみてるようなもんだ」と冗談紛れに口にした。教え子が「おばさんはきっと『ほれたのはあんたの方だ』と思ってるよ～」と言うと、幸子さんはニッコリしてうなずいた。

　花は散り、緑の葉が生い茂る季節を迎えたが、幸子さんは起きている日中、窓から見える思い出の桜の木に視線を向けている時間が長い。人間の生命力の神秘を感じながらの介護が続く。

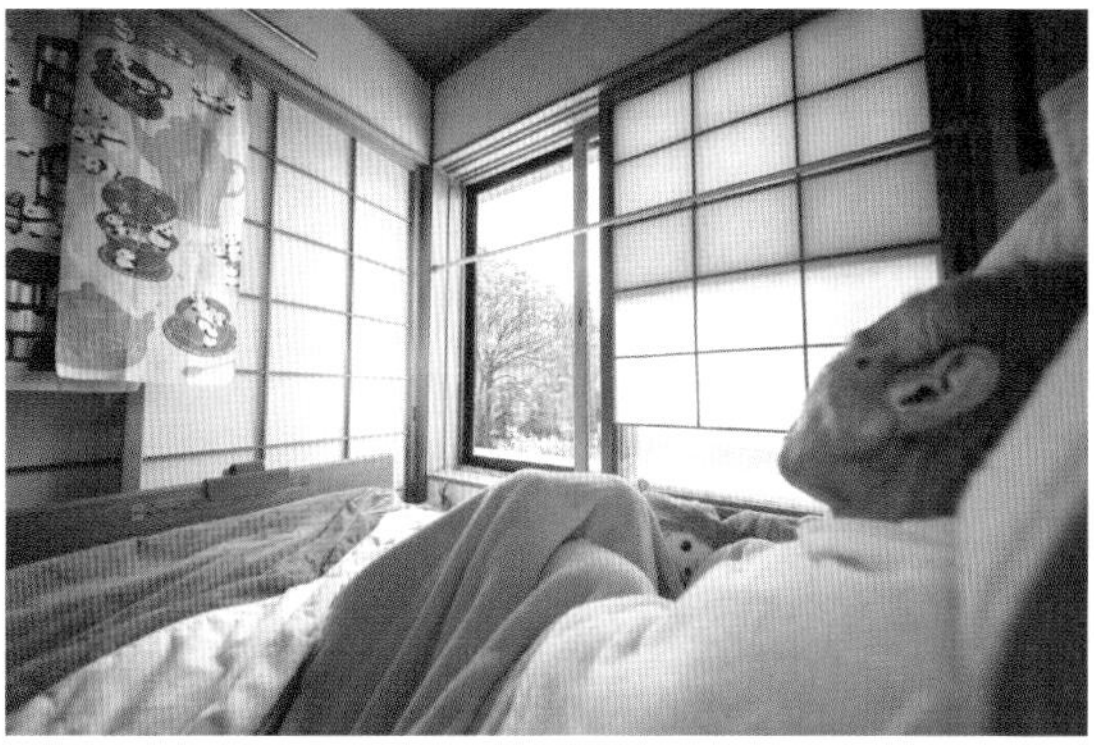

起きている間は窓の外を見ている時間が長い時政幸子さん。視線の先には樹齢を重ねた思い出の桜の木が緑の葉を茂らせている

5

「6月30日　祝100日目　この日を迎えられたこと、支えてくれた周りの人に感謝します。ケアマネさんまで、お祝いにとお花を持ってきてくれました。明日から7月。気温が高くなるから食中毒と換気、熱中症には気をつけていかないと」（同居する長女佳奈さんの介護日記から）

　この日の午前10時すぎ、ケアマネジャーの斉藤潤子さんが来訪すると、時政さんは「今朝は5時に声がして、見ると口をパクパクしたので水を飲ませて、ようかんをあげたら、ついさっきまでずーっと寝てました」と様子を伝えた。斉藤さんは「いいですね。すぐに気がついてもらえて、水も、ようかんも」と、幸子さんに声をかけた。

長丁場 心配に

　ただ、思いがけない長丁場の在宅介護になって、心配なこともある。斉藤さんは「これから気をつけなければならないのは、ご主人の体です。夜も『なにかあったら』と思いながら寝ているから熟睡感がないはず」と話した。

　時政さんは、心拍数が下がって不整脈もあるため、病院を受診したことを打ち明けた。実は毎日付けていた日記も記入しないまま2、3日空けてしまうこともある。「朝も食事をしたら、うとうと寝てしまうことが多くて……」

　斉藤さんは介護者が休息をとるため、幸子さんの短期入所（ショートステイ）も検討する余地があることを伝えた。

佳奈さんも、そんな時政さんの体調を気遣っているのが、介護日記からも分かる。

「6月24日　父が入院とか手術とか言われたらお手上げです。何事もありませんように」

「6月28日　父がぐっすりと眠ってました。私が帰ってから3時間は起きてこなかった。疲れてるんだなあ」

一方で時政さんも「細かいところが私では気づけないので、娘がいなかったらだめだったなあと改めて思っています」と、佳奈さんを頼りにしている。高齢の父と、フルタイムの仕事がある娘が、互いに補い合って介護することで、絆を強めている。

エアコン断念

そして、約700メートル離れたところにある事業所からしばしば様子を見に来てくれるケアマネの存在、日々、お世話になっているヘルパーや訪問看護師も、幸子さんの介護を支えてくれている。その人たちへの謝意を込め、幸子さんの妹が焼いた大きな手作りチョコレートケーキを100日の記念に12個プレゼントした。

次の目標は幸子さんが米寿を迎える8月26日だ。訪問診療医から「このままの調子なら年越しも可能かもしれない」と、うれしい言葉をもらった。しかし同時に、「夏を乗り切れるかがカギ」とも言われた。

「それならば」とエアコンの設置を思い立ち、家電店を回ったが、「取り付けは8月下旬」などと言われ、諦めて小型の冷風扇でしのぐことにした。こんなところにも影響が出ている新型コロナ禍に、時政さんは「夏バテで命が終わってしまったというのだけは避けたい」と強く思っている。

自宅に戻って100日目をお祝いがてら時政さん宅を訪問したケアマネの斉藤潤子さん（右端）。時政さん家族からの謝意を込めたケーキを受け取り、幸子さんにも「ありがとう」と声をかけた

6

「1週間から10日間で看取ることになると、覚悟していたのに、ここまで一緒にいる期間が長くなってくると、その覚悟がうせてしまいました。妻が亡くなったら、自分はどういう精神状態になっちゃうんだろうと考えてしまいます」――。

時政さんが幸子さんを自宅に引き取ってから100日を超した。想定外に長くなった看取り介護で、心境の変化に戸惑いつつも、一緒の時間に安らぎを感じている。

100日目は6月30日だった。その2日前の日曜日、時政さん宅に親族が集まり、にぎりずしをとって100日を迎えるお祝いをした。幸子さんも小さく切ったボタンエビとトロを1個ずつ食べた。

久しく一緒の時間をとれなかった親族が集まることができた。時政さんの妹は週4日、介護を手伝いに南区から車で通ってくれた。幸子さんの妹は病気の夫を抱えながらも、得意の菓子作りなどで支えてくれた。

時政さんは幸子さんが病院や施設にいた2年半、ひたすら面会に通って食事介助するのが日課だったが、再び自宅で一緒の穏やかな時間が戻ってきた。フルタイムで働く長女の佳奈さんは、父親と役割分担しながらの日々に、「自宅に母がいるのはいい。寝たきりであっても違うなあ」としみじみ思っている。

そんな様子が、北海道新聞くらし面に連載された。佳奈さんの介護日記に初日のことが記されている。

連載に反響も

「6月21日　朝からいろいろと忙しい1日でした。父の知り合いからは、新聞を見たと朝の6時にメールが来たらしい。私は誰にも言ってなかったけれど、会社の人からLINEが来ていた。みんな見ているんだ。父の年代もそうだけれど、私の年代も親の介護に当たるころだから、目に留まったのかな」

現在の住所や電話番号を知っている友人、知人からは電話や手紙が相次ぎ、長らく連絡が途絶えていた同窓生やペン習字の生徒たちからは、北海道新聞社を通じて手紙やファクスが届いた。時政さんにとっては目の前にいる病み衰えた妻の姿ばかりではない、忘れていた若く輝いていたころのことを思い出し、知らなかった妻の交遊に頬を緩める機会にもなった。

2人は旧電電公社（現在のNTT）の職場で知り合った。戦後間もない時代、5人きょうだいの長男と7人きょうだいの長女は、弟妹たちを養うため、高校を諦めて働いていた。げた箱の合鍵を作って手紙を交換するような長い恋愛期間を経て結婚。新さんは働きながら札幌西高定時制を卒業、幸子さんはペン習字の講師資格を取得して教え、子育てを終えてからは北海道有朋高校の通信制を卒業した。

出会いから間もなく64年。時政さんは言う。「今、幸子の体重は25・5キロまで落ち、元気になったと言っても知れていますが、生きていることは間違いない。一緒に居る時間が少しでも長ければいいな、と感じる毎日です」

自宅に引き取って短期間の看取りを覚悟していた時政新さんと妻の幸子さん。今は覚悟がうせ「一緒にいる時間が少しでも長ければいいな」と思う

7

「姉さん女房の幸子は2カ月間だけ年齢差が5歳になるのを、若いころから嫌がっていたので、私の誕生日が来る10月23日までは、『絶対に頑張る』と思っているはずですよ」——。

8月26日、幸子さんの誕生日、親族も集まって祝った席で、時政さんが笑顔で冗談交じりに口にした。「祝　幸ちゃん　米寿」の特注ラベルの梅酒や花束など、友人や知人からプレゼントもいっぱい届いた。「自宅に引き取ると決めたとき、この日が来るとは思ってもみなかった」と、周囲は喜びに包まれた。

訪問診療医から「この調子なら年越しも可能。ただ、夏を乗り切れるかがカギ」と言われていた盛夏。時政さんはエアコンの設置を思い立ったが、新型コロナ禍で工事も遅れが出ていて、8月に間に合わなかったため断念、2台の冷風扇でしのいだ。

衰えぬ食欲

札幌市郊外の住宅街にある一戸建ては風通しが良いことも相まって、夏の間、幸子さんの食欲が衰えることはなかった。

8月15日「夜ご飯の後、まだ食べ足りなそうだったからバナナ半分と甘酒をデザートに。グーグー眠りました。酔っ払ったかな」

8月18日「柔らかく炊いたご飯で親子丼。グループホームであんなに食欲がなかったのが嘘《うそ》のようだ」

（いずれも同居する長女佳奈さんの介護日記から）

離乳食をアレンジして作っていた食事もだんだんと普通食に近くなってきた。嚥下機能も良くなってきたように感じる。しかし終末期を迎えていることに変わりはなく、心配は尽きない。

8月20日「暑さでくたびれたのか、母の様子が違う。いつもの時間になっても寝ないし、足をバタバタもせず、じ～っとしたまま。このまま寝て朝、息をしていなかったらどうしようと思った」（同）

体調気遣う

時政さん自身も体調が思わしくない。受診した病院で、8月には心臓の検査をした。結果は「異常なし」で、ひと安心したが、父も娘も互いの体調を気遣いながら暮らしている。

時政さんは、北海道認知症の人を支える家族の会の「つどい」に4年8カ月間、出席し、いろいろな困難を抱えた家族介護の様子を見聞きしてきた。翻って現在の自分を「朝昼晩と1日3回、ヘルパーや看護師が来てくれて、私たち家族がするのは食事介助くらい。本当に恵まれている」と感じている。

家族の会事務局長の西村敏子さんは、時政さんが幸子さんを自宅に連れて帰りたい思い、どうやったらできるのかを調べていた経過を見てきた。「それぞれの家族に事情があるので、在宅介護が必ずしも一番いいとはならないケースもあることは知っておいていただきたい」と前置きしつつ、幸子さんの介護がうまくいっている背景を解説した。

「家族の思い、介護者の人数、介護サービスの利用など、条件がそろわなければできないことでした。幸子さんが『もう少し生きたい』という思いになっているようにも感じます。介護者に負担のかからないケアプランを作っているケアマネジャーの力量にも敬意を表します」

誕生日の夜、介護日記に佳奈さんは書いた。

「お正月を迎えるまで頑張りましょう」

タイの姿造りなど豪勢な食卓で祝った誕生会。幸子さんも佳奈さん（左端）の介助で梅酒を飲み、刺し身をモリモリ食べ、時政さん（左から2人目）も満面の笑みだった

8

「10月5日（亡くなった）叔父の顔が見えるように座らせたら、声を上げて泣きだしたの。分かったんだね。本当に行って良かった」

（同居する長女佳奈さんの介護日記から）

この2カ月間で、時政家にとって一番大きな出来事は、幸子さんの実妹の夫が78歳でがんで亡くなったことだった。弔問に行こうとした際、折良く訪ねてきたケアマネジャーの斉藤潤子さんが介護タクシーを手配してくれたため、親子3人で一緒に行けた。こんなところにも、ケアマネとの良好な関係がうかがえる。

幸子さんにとっては3月23日にグループホームから帰宅して以来、初めての外出だったが、悲しみのあふれるものとなった。「でも、叔母が喜んでくれたので、行ったかいがありました」と佳奈さん。新さんも「当然、幸子の方が先に亡くなると思っていたのに、人の命というのは分からないものです」と振り返る。

コロナ禍で商品も工事をする人手も間に合わず、諦めていたエアコンも、遅ればせながら9月17日に設置を済ませた。

「9月20日　朝、室温が21度だったので、父が張り切ってエアコンを暖房にしてつけました。今年はもう冷房にすることはなさそうです」

夏は冷風扇2台でしのぎ切ったが、幸子さんも、新さんも、佳奈さんにも、疲れがたまっているようだ。

「9月15日　往診の先生にせきがときどき出ていることを伝えたら胸の音を聞いて……軽い肺炎を起こしかけていると。薬を5日間飲むことに」

「9月21日　暑さが収まった途端、母の体調がすぐれなくなってきた。夏の疲れが出たからなのか、ホントに体調が良くないのか」

「10月10日　疲れが出たので一家で寝たきり土曜日。母は朝も9時ごろまで起きなかったし、お昼も2時すぎ。父も布団を敷いて横に。私もベッドで横になったり、うとうとしたり」

「10月16日　暑さで熱中症を心配していたのがついこの間のように思うけど、今度は風邪をひかせないように気をつけないとね」

「10月19日　母が発熱。夜ごはんも残してぐったり。大丈夫かなあ。心配」

体重少し増加

「10月22日　今日は？　今日も？　朝から37・1度の発熱。お風呂の日だったので心配しました。でも下がって無事に入浴できたみたい。体重もまたちょっぴり増え、29・4キロ。お正月までに目指せ30キロ」

10月23日、新さんが84歳の誕

生日を迎え、家族でバースデーケーキを食べた。目標をまた一つ超えることができた。

　新さんは「6月に訪問診療の医師から『年を越せるかも』と言われたときには、『まさかね』と思っていましたが、1カ月、花見、結婚記念日、2カ月、誕生日……と、わが家のイベントを一つ一つクリアして、ここまで来ることができました」と振り返る。

　互いの体調に一喜一憂しながらも、家族3人でクリスマス、そして新年を迎える可能性に現実味が増してきた。

9

「まさか年を越して、おめでたい～って言うことができるとは。絶対に喪中だと思っていたので。また、明日からの1年、1日ずつ大切に過ごしていきます」

　大みそかの夜、時政さん夫妻と同居する長女の佳奈さんから私（石原）に、スマートフォンの無料通信アプリ「LINE（ライン）」でメッセージが届いた。
　20年3月23日、自宅に戻った際は、葬儀の手配までするほど衰弱していた幸子さん。自宅庭にある思い出の桜が咲くのを見せたいという家族の願いは5月の大型連休に果たせた。そして母の日、結婚記念日、帰宅2カ月……節目節目に家族や親族が集まって祝った。
　訪問診療医から「年越しが可能かも」と、思いもよらぬことを言われたのが6月だった。それから8月の幸子さんの誕生日、10月の新さんの誕生日も迎えることができた。
　そして年末年始――。佳奈さんの介護日記から、家族がそろった穏やかな暮らしの様子が伝わる。
　12月24日「お風呂のときに体重を量ってもらったら30・8キロ。とうとう30キロ台に戻りました。グループホームに入ったときと、ほぼ同じ」
　12月28日「母が帰ってきてから1カ月は毎日、ドキドキはらはらで、桜を見たあたりからちょっと安心になって、夏を乗り切って期待がふくらんで、秋の初めにまた不安になって……。ゆる～いジェットコースターくらいの感じです」
　1月1日「父と2人で8合も日本酒を飲んだ。飲み過ぎだよね～。でも母が家で年越しするのは3年ぶりだし、まさか年越しできるとは思っていなかったから、喜びもひとしお。飲み過ぎても仕方ないよね」
　1月2日「初売りに出かけるとき、母の耳元で『初売りに行く

からお留守番してね～』と言ったら、なんだか怒ったようにブツブツ言ってました。行きたかったんだろうな」

幸子さんは娘に髪をカットしてもらい、入浴サービスでさっぱりして迎えたクリスマスには、実妹が作ってくれたケーキを頬張った。お年取りには宅配のおせち料理。栗きんとんやエビも食べたが、キンキの姿煮を一番おいしそうに食べた。

新さんは友人や知人、そして道新の連載を読んで連絡をくれた人たち合わせて100人近くに、近況報告を兼ね、手書きの部分が大半の年賀状を出せた。

エアコン活躍

札幌は年末から寒い日が続き、「夏の暑さ対策に」と設置したエアコンが「暖房」でフル稼働している。新さんは「熱が出た」など妻の日々変わる体調に一喜一憂していたころがうそのように、「細かな変化は気にならなくなった」そう。

幸子さんを自宅に引き取って300日になる1月16日を前に、新さんは言う。「11月半ばから、幸子は朝ごはんを食べると眠ってしまうんです。半分食べただけで寝てしまうこともあります。体力は少しずつ下がっているのだと思うんです。でも25キロまで落ちていた体重は、施設に入る前に戻りました。次の目標。自宅に引き取って1年になる3月23日を、サポートしてくれているみなさまに感謝の気持ちで迎えたい」

（2020年6月21日からの連載）

2021年5月、自宅に戻って2回目となる満開の桜を家族で見ることができた

ケアマネジャーの立場から

話を聞き、よき相談者に

時政さんの介護を支えるケアプラン作成を担う主任ケアマネジャー、斉藤潤子さん（69）の講演から、介護に直面したとき大切なケアマネ選びの参考になる話を紹介する。

「時政さんは特別。引き受けて会うと、既に『こうしたい』というものがありました。幸子さんの履歴、こんな生活をしていたというものも用意されていました。普通は何度も訪ねてようやく到達する地点に時間をかけずに行けたのです」

斉藤さんの話から、ケアマネに対しては、介護を受ける本人や家族の状況について、気にかかっていることや困りごと、生活状況、今後の心配なことなどを「腹蔵なく伝える大切さ」が分かる。

ただ一方で、斉藤さんは「初回からそこまで話さないのが当たり前。初めて会うケアマネなんて、『この人ナニモノ？』と思われるのが普通ですから」とも話す。20年来のケアマネの経験で心がけてきたのは「とにかく何度も会って話を聞く」こと。困りごとを話してもらえるようになれば、どうなれば良いのかを聞きつつ原因を見つけ、手助けがあればできることに気付いていけるという。

ただ斉藤さんは「本人や家族が望むケアマネ像」と「ありがちな現状」に隔たりがあることも指摘する。好ましくないケアマネの典型例として①「認知症だからデイサービスに行きましょう」と、すぐに型通りのプランを提案する②「どうせ何を言っても分からないのだから」と本人の話を聞かず家族の話ばかり聞く――を挙げる。

そしてケアマネの世界も「勉強している人は楽しくやりがいができて残りますが、勉強しない人にとってはキツイし給料の安い仕事なので転職してしまう」という。斉藤さんは自らの役割を「誰もが穏やかに生活できるよう生活を支える職業人として、本人や家族と同じ目線で話ができ、困ったときはすぐ話を聞く相談者でありたい」と話した。

斉藤潤子さん

さいとう・じゅんこ。看護師として総合病院で28年間勤務。外来婦長、整形外科婦長などを経験して退職後、1999年から訪問看護ステーションの管理者に。2000年の介護保険制度スタートと同時にケアマネとしても働いてきた。現在は札幌市豊平区のケアプランセンター月寒東管理者

介護座談会

自分の時間も大切に

時政さん夫妻が一緒に北海道認知症の人を支える家族の会を訪ねて以来、5年近く相談相手になってきた同会事務局長の西村敏子さん（73）、グループホーム福寿荘（札幌市白石区）総合施設長で、90人以上を看取ってきた武田純子さん（72）との座談会で意見交換した。

――時政家の様子は読者の関心も高く、夏のエアコン設置を断念した際は、何人もの方が業者を探しに回ってくれたほどです。

時政　家族の会のつどいに参加し続けたのも、グループホームに毎日通ったのも、自宅で看取ることにしたのも、義務でやったわけでもなし、自分にとっては自然なことでした。

武田　時政さんの決断を知り、「奥さんの自宅に帰りたい気持ちを考えると良かった」と思いました。サポートしてくれる人の存在があってこそとも言えます。その意味でケアマネジャーの力が大きかったのでは。いい出会いでしたね。

時政　いい人に巡り会えました。妻が歩けなくなり、「そろそろかな」と思ったのが２０１９年12月のことでした。自宅で看取ることを考え、準備を始めましたが、医師からは「どの段階で自宅に引き取るのかは難しい」と言われました。

武田　がんの末期は先が見えますが、認知症は分からないものです。私のグループホームでも、家族を呼んだら元気になって、「良かったね」と。それを3回繰り返したこともあります。ただ、本人が諦めたら終わるかなとも思います。奥さんがうれしくて生を欲しているんだなと思って連載記事を読んでいました。

西村　奥さんと接して、すてきな人だと思っていました。意思はハッキリ、人に対する気配りもできる。ただ、どんな介護がいいかはそれぞれの家族の状況で違います。たとえ家族が最期までみたくても健康状態などで施設を選択することも、普通に起きることです。時政さんから「最期は自宅で」という思いを早い段階から聞いていましたが、年齢などを考えると、大丈夫かなと心配したのも事実です。

――時政さん自身も不調で通院が続いていますが、最近の日々は？

時政　一喜一憂です。妻に熱があると「エーッ」と思いますし。体重も4キロ戻り、29・4キロになりました。食欲も、自宅に引き取ったころの3倍は食べています。施設はある意味、団体生活じゃないですか。今は寝たいときに寝て、食べたいときに食べられるのがいいのでは。

西村　施設を選択するときは、いかに介護者の心に折り合いをつけるかが大事です。一対一の介護ではないし、限られた時間で限られたことしかできません。ただ、施設には施設の良さもあります。自宅だと24時間365日、介護しなくてはならないわけですし。

時政　「痛い」とは言いますが、こちらのことを分かってくれているのかという疑問もあります。一方で義弟が亡くなったとき、顔を見て号泣したのを考えると分かっていそうですし。

武田　分かってますよ。だから、時政さんがどこかに出かけるときも、ちゃんと伝えてくださいね。

時政　疲れることをしているつもりはないけれど、つい眠ってしまう時間が増えました。

西村　気も張りますし、澱《おり》のように疲れがたまってきているはずです。在宅介護を始めたころ「デイサービスどうしよう」と考えていたときも、「ゴルフに行くために預けよう」となりましたよね。そういう割り切りができて初めて長く続けられます。いま心配なのは、奥さんが亡くなったときの喪失感です。自分の時間も大事にしてくださいね。

武田　コロナ禍で面会ができないまま施設で亡くしていたら、喪失感も大きくなってしまったでしょうが、時政さんはやり切っているのがいい。これからは普通に暮らせばいいんです。時政さんや娘さんが食べているものを少しやわらかくして一緒に食べられたら、奥さんはもっと元気になるはずです。奥さんもコミュニケーションをとりながら暮らすのがうれしいはず。その思いは一緒に暮らす娘さんにも伝わります。

時政　子供のころの娘と、妻との立場が反対になった感じです。娘からいろいろ話しかけたり、もう長く着られないと分かっていても服を作ったり。

武田　認知症の人は治るわけではありません。衰退していくのです。奥さんが、今ごはんを食べて自宅で暮らしているということを素晴らしいと思ってください。時政さんも娘さんも縛られないで、自分の生活を崩さない方がいい。奥さんも分かってます。ありがとうと思ってますよ。

武田純子さん
たけだ・じゅんこ。グループホーム福寿荘総合施設長。看護師から転身、認知症グループホームの草創期から運営に携わってきた。看取りや最期まで食事を楽しめる工夫など、お年寄り本人の立場で考える方針で取り組んでいる

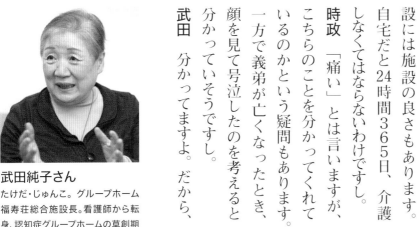

厚労白書＋道内380人アンケートから

最期をどこで迎えるか――希望は「自宅」、現実は「病院」

人生の最期はどこで迎えたいか？ ２０１４年の厚生労働白書で、希望と現実の隔たりが明示された。「死を迎えたい場所」の50％を占める自宅が、「実際に死ぬ場所」では13％にとどまり、逆に18％しか望んでいない病院死が、実際には80％に達する。「自分自身の最期」を考える参考に、道内の取材を通じて約３８０人に答えていただいたアンケート結果を基に探った。

白書には①死を迎えたい場所②実際に死を迎えると思う場所③実際に死ぬ場所――の比率が示されている。

病院は①18％→②41％→③80％になる。自宅が①50％→②17％→③13％と少なくなっていくのと対照的だ。希望は自宅だが、きっと病院になってしまうだろうなと思う人が多く、それを大きく上回るほど病院死が多い現実が待ち構えているという構図が見える。

「昔は家で看取っていた」と回想する高齢者も多い。実際、70年近く前の戦後間もない時期は80％以上が自宅で亡くなっていた。当時、病院死は10％そこそこだった。しかし年々、自宅で亡くなる人が減る一方で、病院で亡くなる人が増え、１９７６年に逆転した。21世紀を迎えた頃、病院死と自宅死の比率は戦後すぐと正反対にまでなった。

道内で認知症や介護、医療などに関心のある人たちはどのように考えているのか、認知症の家族会や北海道認知症ケア研究会、高齢者の終末期医療を考える会の研修会や講演会の参加者にアンケートを実施した。

自宅志向はそう変わらなかったが、「老人ホームなどの施設」を選ぶ人の割合が大幅に増え、国の白書とは傾向が異なった。①死を迎えたい場所で28％（白書は３％）、②実際に死を迎えると思う場所は32％（白書は４％）だった。

①②ともに、施設を選んだ人の代表的な理由は「家族に介護力がないことと、延命を望んでいないので施設での終末を考えている」（60代女性）、「子供に面倒をかけたくないから、教育されたプロの人たちに看取ってほしい」（50代女性看護師）、「病院に入るより、生活の場に近いところで最期まで過ごしたい。自宅で最期を迎えるのは家族の負担が大きい。ただ、両親は最期まで住み慣れた自宅で過ごさせてあげたい」（40代女性看護師）。

施設は③実際に死ぬ場所としては白書で5％だけだったが、近年は訪問診療の医療機関と連携し、看取りに取り組むところも増えているため、実情に詳しい人が施設を希望するケースも多かったようだ。

ただ、自宅が希望だが実際には施設になりそうだという考えの人、施設が希望だが病院になりそうだという人も。さらに施設や病院を希望していても、本音の理想は「自宅」と思っている人もいて、思うようにはならなそうだという不安な気持ちもくみ取れる。

最期を迎える場所～希望と現実

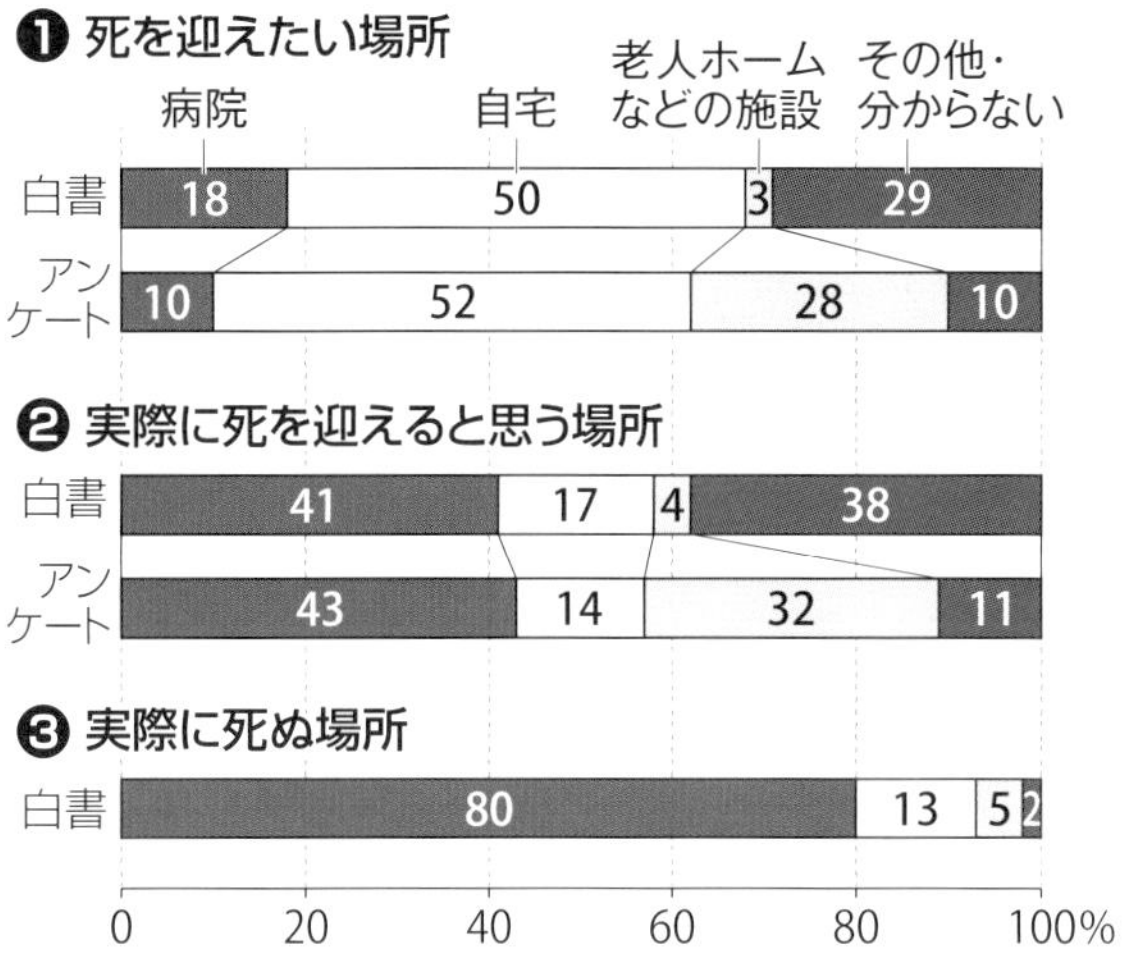

※❶❷の上段と❸は2014年の厚生労働白書から。❶❷の下段は道内の介護関連研修などでアンケート調査した結果

自宅、病院で死亡する人の割合の推移

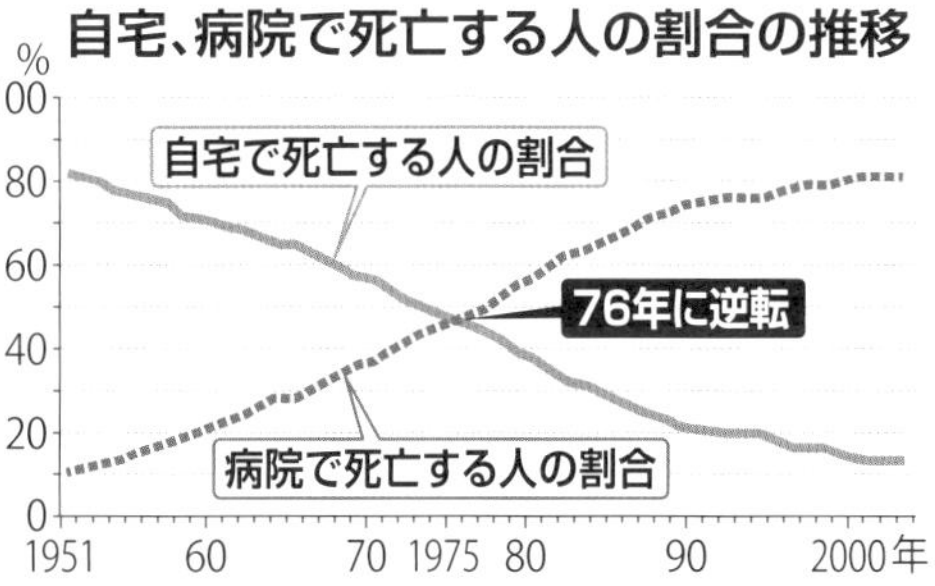

■象徴的な意見■

道内の取材を通じたアンケートで回答をいただいた約380人の中から、象徴的な意見を紹介する。

※①は死を迎えたい場所、②は実際に死を迎えると思う場所

①施設②施設

●「子供が2人おりますが、それぞれに家庭があり、『迷惑はかけない』と強い意志を持って生活しています。ただ、後始末だけはお願いすることになります。それで十分です」＝札幌市の無職女性（76）

●「核家族化が進んでいる現状では自宅で最期を迎えるのは介護者の負担が大きく難しい。訪問介護や看護の充実と訪問診療の質の向上が必要。高齢者住宅でも看取りをやるようになっていますが、少ない職員でその場を支えるのは負担が大きく、『気付いたら死んでいた』という最期を覚悟しなければできない状態です。問題がたくさんあると思います」＝札幌市の50代女性ケアマネジャー

●「一番の理想は自宅だと思いますが、あまりにも家族に心配やら苦労やらかけると思えば、死んでも死にきれない思いです。妻は体が弱いのでかわいそうです。病院で死を迎えるとなれば、少しでも生かそうとして処置されそうな気がしてなりません。

だから施設に入り自分の口でものが食べられなくなったら、そのまま自然にあの世に行かせてほしい」＝札幌市の無職男性（71）

●「誰にも迷惑をかけたくないが、家族とはかかわりたい。老人ホームなら、と思うが、心のあるケアのできるホームでなければ逆に嫌だ。それなら病院の方がいい」＝札幌市の40代女性介護福祉士

●「自宅での生活が無理かなと思ったときにホームに入るつもりですが、本当の希望はピンピンコロリです。夫は3年前、私が朝、起きたらリビングの長椅子の上で亡くなっていました。前日まで町内会や老人クラブの仕事を楽しく行い、おいしいお酒を飲んで。幸せそうな顔で亡くなっていました。あまり病気を探さないで夫のように逝きたい」＝札幌市の無職女性（80）

●「子供がいないし親戚も少ないので、家族の手を貸してもらうのが不可能です。夫が亡くなり1人になったら施設入居したい。住み慣れた施設でどうにもならなくなるまで看護師として、皆の役に立ちながら生きたい」＝札幌市の女性訪問看護師（51）

①施設②病院

●「サービス付き高齢者向け住宅に入居中。延命は望まないので居室で死を迎えたいのですが、今のまま終末期の希望を誰にも伝えていないと病院に搬送されるような気がします」＝札幌市の無職女性（69）

●「自宅で1人で死去すると後からの手続きが大変なことが分かる経験をしたことがあります。警察、消防、周りの人にも迷惑をかけました。病院が一番だと、その時に思いました」＝札幌市の60代女性

①自宅②病院

●「自宅は、マンパワー、家族の不安を考えると、しっかり話し合い、同意を得ることが必要。施設は、札幌でも看取りをしているところがまだまだ少ない。現状を考えると病院が現実的。『病院が安心』という風潮があるのと、身寄りのない高齢者や単身者が増えていて、介護者がいないとか訪問診療の不足などから病院になってしまうのでは」＝札幌市の40代女性看護師

①自宅②施設

●「最期まで自宅で過ごしたいが、体が動かなくなってきたら入浴や外回りの管理は難しいから」＝上川管内の40代男性看護師

●「家族の介護は自宅と考えていますが、自分となると夫や子供に頼めるか、まだなんとも言えない。一緒に居たいと思ってもらえる自分でいることも大切にしていきたいのですが、なかなか……。家族や友人と過ごすことを考えると、元気なときから地域とかかわり近所の施設に入る選択ができたらいいなと」＝札幌市の40代看護師

①病院②施設

●「いずれは老人ホームだと思うが、現時点でホームや介護職員の質が信頼できない。看取りに対する意識も低いところがある。一人一人にしっかり向き合ってくれる施設を見つけることができればそこで最期を迎えたいが、そういうところはすごく少ない。それなら家族にしっかり意思を伝え、信頼できる病院で、と思う」＝札幌市の50代女性介護福祉士

●「医療機関より自宅とは思うが、『自宅で1人』と考えるといろいろなサービスを使ったとしても1人で死んでいく相当な覚悟が必要だから。長年、施設で暮らしたとしたら、そこが第二の自宅になり、なじみの職員や入居者もいて良いかも」＝札幌市の50代女性看護師

①病院②病院

●「理想は自宅で家族に見守られながら……ですが、実際、自宅で亡くなると家族に迷惑をかけてしまいそうでちゅうちょします。病院なら手続きやいろいろなことを手配してくれそうで安心感があります」＝室蘭市の40代主婦

①自宅②自宅

●「病院、施設だと制限がありマイペースに過ごせない。孤独死にそれほど悪い印象がないこともあるので」＝50代の女性ケアマネジャー

●「子供と同居していて看取りをしてもらう了解を得ている」＝室蘭市の無職男性（81）

在宅看取りに取り組む
医師の立場から

状況ごとに話し合い大切

出口の見えなかった介護が終盤を迎えたとき、必ず医師から「延命治療」について問われる。その言葉の響きに、つい「必要ありません」と答えてしまうと、介護していた身内を亡くしてから「もっとこうすれば良かった」などの後悔につながることもある。家庭医として後志管内寿都町や札幌市内で長年、在宅看取りに取り組んできた栄町ファミリークリニック＝札幌市東区＝院長の中川貴史さんに、終末期医療の在り方、本人や家族があらかじめ考えておくべき注意点などを聞いた。

中川貴史さん
なかがわ・たかふみ。室蘭市出身。函館ラ・サール高校、北大医学部卒。町立寿都診療所で12年間勤務後、2017年から現職。北海道家庭医療学センター常務理事。3男1女の父親で夫人も同窓の医師

在宅介護を受けている認知症の方の死因は、肺炎が36％、突然死・事故死が27％、老衰が25％、心不全・腎不全が12％という統計があります。

例えば慢性的な誤嚥性肺炎を繰り返す患者には、抗生剤を使うかどうかの選択すらも、延命治療をするかどうかということになります。いったん治っても、元通りというわけにはいかず、肺炎を繰り返すうち、徐々に体の機能は落ちていきます。

私は家族と話し合います。「抗生剤を使うことによって、その時は乗り越えるかもしれませんが、良くなってもまた同じように肺炎を起こす可能性があります。乗り越えたら、またお話しすることができるようになるかもしれません。どうしますか」と。こういう場合は、やはり治してほしいという人が多いですね。

■心の変化を尊重

衰えてきた高齢者が、ご飯が食べられない、水が飲めないとなってきたときにどうするかも延命治療の選択になります。

腹部に穴を開けて胃に直接栄養を入れる「胃ろう」を設置するか、そこまではやらなくても水分を補給する点滴をするかの選択があります。脱水を起こすと点滴する血管が確保しにくくなり、注射針を何度か刺し直すことで痛いとか、刺す場所がなくなっていくなどの問題も出ます。

そうした答えは単純ではあり

ません。１００人いたら１００通りのやり方があります。だから「人生の最終段階をどう過ごしたいのか」をさまざまなタイミングで話し合うことが大切になります。私は本人、家族、医師、ケアマネ、看護師が一緒に考えていくようにしています。

お年寄りの中には「自分の死に方はこうだ」と考えている人が多いように感じます。ただ、延命治療に直面すると、その都度考えが変わるのも人間です。その心の変化を理解し、認め、尊重しつつ、一緒に歩いていくのがわれわれ医師の役割でもあると考えます。

医療者の側も、患者さんがしっかりしているものだから、説明を理解していると勘違いしているかもしれません。想定していなかったような不満やこだわりが、後から分かることもあります。だから私は言うんです。「思ったことはどんどん質問してください」と。

■自宅で最期13%

ただ、このように在宅で看取りができるような訪問診療を受けたいと希望しても、訪問診療の普及はまだまだ足りていないのが実情です。

国の最近の調査でも、最期を迎えたい場所は「自宅」が55%ですが、実際に自宅で亡くなっているのは13%にとどまっています。反対に「病院」を望むのは28%ですが、実際は76%が病院で亡くなっています。

「病院に行けるうちは行く、行けなくなったら訪問診療が受けられる」。そんなことが普通にできるような環境こそ、われわれ家庭医の目指すところでもあります。

●家庭医

内科や外科など診療科の枠を超えて診察することで患者の全体像をとらえる視点を持ち、地域の保健福祉にも主体的にかかわる医師。高血圧や糖尿病、腰痛、切り傷など、よく起こる病気、けがの種類はある程度限られているため、その範囲なら十分な診療ができる。より詳しい検査や治療が必要な場合には専門病院に紹介し、落ち着いた段階で再び、家庭医が診療を続ける。

欧米では一般的だが、日本の医療は専門志向が強いためまだ多くはない。患者本人と人間関係を築くのはもちろん、家族、地域の保健師や介護職員との連携も重視、一緒に治療を検討していくため、在宅介護の訪問診療の強い味方でもある。

中川医師が訪問診療で看取った例

70代男性

- アルツハイマー病で認知症
- 妻が在宅介護
- 訪問診療開始時要介護 2
- 看取り時 4

（2→4 約2年間）

約2年間

- **訪問診療開始**（男性の通院先からの紹介）＝通常は月1、2回＝
  - 話し合い：自宅で介護を続けるか、なにかあったら入院するか
- 認知症が進行し、意思疎通が困難に
- 徐々に体力が低下、食欲も不振に
- 嚥下障害が出始める
- **誤嚥性肺炎になる→抗生剤の内服か点滴**
  - 話し合い：嚥下機能の低下か認知症の悪化で必要な栄養を口からとれなくなることが予想されると説明。胃ろうを作るか中心静脈栄養（太い血管までカテーテルを通し高カロリー輸液をする）という方法もあることを提示
  - → 妻はどちらも望まず、食べられるだけ食べ、だめになったらその時が来たと思うことに

誤嚥性肺炎を繰り返したので同様の話し合いも繰り返す

- **本当に食べられなくなり、水も飲めなくなって最期が近づく**
  - 話し合い：水分補給目的で最小限の点滴をするか、静脈確保が難しければ皮下注射での水分補給もできることを説明
  - → やはりそれも不要ということに
- **最期がいよいよ近づく**
  - 話し合い：蘇生治療はしないか
  - → 妻も、しないことをあらためて確認
- **自宅で安らかな最期。妻も一定の安堵をした様子**
- **おくやみ訪問**（生活状況、落ち込みが激しくないか確認）

※話し合う内容、時期、タイミングはケースによって前後したり、やらないものがあったりもする

聞く
語る

無理な延命やめ穏やかな最期を

高齢者の終末期医療を考える会代表・宮本礼子さん

年をとったとき、自分の死に際はどうありたいか。「ピンピンコロリが理想」とはよく聞く言葉だが、現実は長く医療の世話になる人が大半だ。高齢者の終末期医療を考える会（札幌）代表で内科医の宮本礼子さん（66）は、スウェーデンに行って高齢者が穏やかな最期を迎える現実を知り、命を可能な限り伸ばそうとだけしてきた日本の医療に疑念を抱くようになった。

――スウェーデンは日本とどこが違いましたか。

高齢者が食べられなくなったら、あとは自然の経過で看取っている、しかもその方が安らかな最期を迎えられる、と医療現場で聞いて驚きました。最低限の点滴すらしないのか尋ねると「寝たきりで点滴して生きる人生に、意味があるのか」と逆に聞かれました。長年携わってきた日本の高齢者医療の常識が覆されました。2007年のことでした。

――日本の常識とは？

食べられなくなったら鼻チューブや胃ろう、点滴で人工的に水分や栄養を補給し、寝たきりで誤嚥性肺炎を繰り返しながら何年も生きながらえます。管を抜こうとする患者には手足、ひどいときには胴体まで縛る。気管切開した患者がチューブ交換で苦しむ様子を見ると、自分が拷問しているようにすら思えました。そんな延命が当たり前のこととされてきたのです。

――すぐに意識改革するのは難しかったのでは。

医療が発達した国では、延命させるのが常識だと思っていました。しかし、日本で苦しい思いをさせてまで延命しても、平均寿命がスウェーデンと大きく変わるわけでもありません。世界の常識を知ろうと欧米7カ国を見て回ると、日本の常識は世界の非常識でした。

——ご自身の医療には反映させられましたか。

　私自身は経験を生かし、ご家族と対話しながら自然な看取りをするようになりました。できる限りの延命をさせた末の壮絶な死とは対照的な、穏やかで眠るような死がそこにはありました。日本では死について語れない文化があるように感じます。終末期の延命について意思表示がなかったばかりに、家族が選択を迫られることが多いのです。

——私（石原）も認知症の父親の意思確認ができないまま「きっと本人も断るはず」と延命処置せず看取りましたが、見殺しにしたような罪悪感が続いています。

　実は終末期の低栄養や脱水は悪いことばかりではないんです。最期を迎えた高齢者が枯れるように亡くなる際、脳内麻薬の（神経伝達物質の）エンドルフィンが出て、つらさが減ったり、自分の脂肪を燃やしてエネルギーにすることで、鎮静効果のあるケトン体が血中に増えたりし、むしろ穏やかになります。同じように「餓死させたのでは」と苦しんでいる方に説明すると、気が楽になったと言っていただけます。

みやもと・れいこ。東京都出身で旭川医科大の1期生。日本認知症学会専門医。日本老年精神医学会専門医。現在は、江別すずらん病院認知症疾患医療センター長。夫の顕二さんも内科医で一緒に同会の運営に当たり、札幌市内で暮らす

——職場でも賛同を得られましたか。

　私が変わっても、勤務先の病院はやはり延命が普通でした。無理な延命をやめた穏やかな死の例が増えても、上司や周囲の医師たちが「点滴すらしないなんて」などと言っていることが耳に入ってきました。医師会の集まりで隣席になった医師が背中を押してくれたこともあり、行動しなくては変わらないという思いで会を立ち上げました。

——その後、取り巻く状況に変化はありますか。

　介護現場が変わってきました。施設での看取りが増えています。訪問診療の医師、看護師、介護職員が自然な看取りを担う経験を積み上げることで、穏やかな最期というものを普通にしていくと期待しています。一方で本人の希望を顧みないまま、延命を望む家族がまだまだ多いのも実情です。会では医療者の意識を変えるのと同等に、国民の意識を変えることも柱に活動を進めていきます。

（２０１９年7月13日掲載）

【相談窓口】

●介護サービスの苦情

北海道国民健康保険団体連合会（介護サービス苦情相談窓口）☎011-231-5175

●認知症介護の悩み

北海道認知症コールセンター・家族の会 ☎011-204-6006

（平日 午前10時～午後3時）

●高齢者虐待

北海道高齢者虐待防止・相談支援センター ☎011-281-0928

（平日 午前9時～午後5時）

●若年認知症の当事者や家族の悩み

北海道若年認知症の人と家族の会 ☎090-8270-2010、☎011-205-0804

（火、水、木 午前10時～午後3時）

※上記以外に、各市町村の「地域包括支援センター」では、高齢者やその家族が抱える介護の困りごとの相談に応じています。地域包括支援センターについての問い合わせは各市町村高齢者保健福祉担当課まで。

執筆　石原宏治（北海道新聞編集局くらし報道部）

撮影　北海道新聞編集局写真部

図版　北海道新聞編集局編集本部デザイン班

編集　仮屋志郎（北海道新聞事業局出版センター）

達人が教える❷認知症と介護

2021年7月30日　初版第1刷発行

編　者　北海道新聞社

発行者　菅原　淳

発行所　北海道新聞社

〒060-8711　札幌市中央区大通西3丁目6

出版センター（編集）電話011-210-5742

（営業）電話011-210-5744

印刷所　中西印刷株式会社

乱丁・落丁本は出版センター（営業）にご連絡くだされればお取り換えいたします。

ISBN978-4-86721-032-1